Armin Deutz / Johann Gasteiner

Klimawandel – Was nun?

Armin Deutz / Johann Gasteiner

KLIMAWANDEL
Was nun?

Empfehlungen für Landwirte, Forstwirte und Jäger im Alpenraum

Leopold Stocker Verlag
Graz – Stuttgart

Umschlaggestaltung, Layout und Repro:
Werbeagentur Rypka GmbH, 8143 Dobl/Graz, www.rypka.at

Titelbilder: © iStock/neenawat; © Karin Ch. Taferner; © Foto Matevz Lavric / shutterstock.com; © iStock/David Schwimbeck;

Bibliografische Information der Deutschen Nationalbibliothek:
Die Deutsche Nationalbibliothek verzeichnet diese Publikation in der Deutschen Nationalbibliographie; detaillierte bibliographische Daten sind im Internet über http://dnb.d-nb.de abrufbar.

Hinweis:
Dieses Buch wurde auf chlorfrei gebleichtem Papier gedruckt. Die zum Schutz vor Verschmutzung verwendete Einschweißfolie ist aus Polyethylen chlor- und schwefelfrei hergestellt. Diese umweltfreundliche Folie verhält sich grundwasserneutral, ist voll recyclingfähig und verbrennt in Müllverbrennungsanlagen völlig ungiftig.

Auf Wunsch senden wir Ihnen gerne kostenlos unser Verlagsverzeichnis zu:
Leopold Stocker Verlag GmbH
Hofgasse 5
Postfach 438
A-8011 Graz
Tel.: +43 (0)316/82 16 36
Fax: +43 (0)316/83 56 12
E-Mail: stocker-verlag@stocker-verlag.com
www.stocker-verlag.com

ISBN 978-3-7020-2091-0

INHALT

Ein paar Gedanken vorab ... 7

Klimaveränderungen fordern Mensch, Tier und Umwelt ... 9

Klimawandel und Extremwetter ... 12

Klimawandel und Wasserversorgung ... 20

Klimawandel und Wasserökosysteme ... 23

Phänologie: Beobachtungen über lange Zeiten ... 28

Einfluss des Klimawandels auf Futterqualität und Pflanzenarten ... 33

Wald- und Baumgrenze rücken nach oben ... 39

Bäume zunehmend unter Druck ... 41

Klimawandel und Landwirtschaft ... 49

ClimGrass – Klimafolgenforschung im Grünland ... 56

Hitzestress bei Nutz- und Wildtieren ... 64

Klimagewinner und Klimaverlierer ... 71

Klimawandel und Infektionskrankheiten ... 94

Die Autoren ... 111

Verwendete und weiterführende Literatur ... 112

EIN PAAR GEDANKEN VORAB

„Wir werden aus den Schwierigkeiten nicht herauskommen, wenn nicht einige sich an die Zusammenschau machen, selbst auf die Gefahr hin, sich lächerlich zu machen." (Erwin Schrödinger, 1887–1961)

Seit der Jahrtausendwende hat sich die Klimakrise zugespitzt. Die jüngsten Facetten des Klimawandels reichen von extremer Trockenheit in weiten Teilen Europas über Missernten, Waldbrände und Borkenkäferkalamitäten bis hin zu anhaltenden Temperaturrekorden und Freitagsprotesten der Jugend sowie Störaktionen der letzten Generation. Zwar lassen sich einzelne Extremereignisse nicht direkt auf den Klimawandel zurückführen, aber klar ist: Durch die Klimakrise werden Extremwetterereignisse wie Überschwemmungen, Stürme und Hitze häufiger und intensiver. Das bedeutet, dass Niederschläge und Stürme stärker werden, Hitzewellen heißer und Dürren trockener.

Ernsthafte Bemühungen, diesen Entwicklungen entgegenzusteuern oder auch nur unterzeichnete Klimaprotokolle einzuhalten, sind weithin nicht zu erkennen. Nur allzu oft wird sogenannter „Scheinklimaschutz" betrieben. Sowohl Politiker mit wissenschaftsresistenten Ansichten, als auch ein Großteil der Bevölkerung sind nicht bereit, effiziente Maßnahmen für den Klimaschutz zu ergreifen. Viele Gewohnheiten werden in ihrer Auswirkung oft völlig unterschätzt. Allein die tägliche Nutzung von Handys mit all ihren Funktionen verbraucht Unmengen an Energie und Flugreisen dürften sich bis 2050 voraussichtlich vervierfachen. Ganz zu schweigen von den extrem klimaschädlichen Kreuzfahrten oder den riesigen Containerschiffen, die meist mit Schweröl betrieben werden. Die Weltbank geht bis 2050 von etwa 140 Millionen Klimaflüchtlingen aus. Der Klimawandel wird somit zu einem in dieser Dimension noch nie dagewesenen Motor für Migrationen – Menschen auf der Suche nach lebenswerteren Regionen oder Orten, wo überhaupt noch ein Überleben möglich ist.

Neben weltweit beobachteten Phänomenen und Katastrophen gibt es auch Auswirkungen, die eher im Verborgenen ablaufen und nur wenig Beachtung finden. So gibt es unter den Tier- und Pflanzenarten Gewinner und Verlierer des Klimawandels. Ebenso verändern sich Verbreitungsgebiete von Krankheiten, da beispielsweise Zecken und Stechmücken, die Krankheitserreger übertragen, bereits in deutlich höheren

Lagen nachweisbar sind als noch vor zwei Jahrzehnten. Auch „exotische“ Krankheitserreger und ihre Überträger wandern zunehmend in unsere Regionen ein.

In diesem Buch sollen nicht nur die Symptome des Klimawandels, sondern auch derzeit noch mögliche Wege aufgezeigt werden, um die Folgen abzuschwächen. Zu den jeweiligen Kapiteln werden auch Anpassungsstrategien und Gegenmaßnahmen vorgeschlagen. Letztendlich wird aber ein rasches und weltweites Umdenken nötig sein, um den Planeten Erde nicht großräumig für den Menschen unbewohnbar zu machen. Ob das gelingen wird, ist eine der existenziellsten Fragen der Menschheit.

Dieses Werk ist unseren Kindern und zukünftigen Enkeln gewidmet, in der Hoffnung, dass sie in einer ähnlich lebenswerten Welt leben dürfen, wie wir sie kennen.

St. Lambrecht und Irdning,
im Dezember 2023

Armin Deutz und *Johann Gasteiner*

Die Auswirkungen des Klimawandels auf die Almen betreffen sowohl Landwirte, Forstwirte als auch Jäger. Darum muss es im Interesse aller sein, den Klimawandel zu verstehen und die Anpassungsstrategien aufeinander abzustimmen. © Karin Ch. Taferner

KLIMAVERÄNDERUNGEN FORDERN MENSCH, TIER UND UMWELT

Die Natur hat es während ihrer Millionen Jahre dauernden Evolution geschafft, alle theoretisch verfügbaren Lebensräume auf der Erde durch Mikroorganismen, Pflanzen und Tiere zu besiedeln. Wenn man die verschiedenen Umwelt- und Lebensbedingungen betrachtet, an die sich die einzelnen Lebewesen angepasst haben und unter denen sie heute existieren können, erkennt man eine enorme Vielfalt. Diese Bedingungen reichen von extrem trocken bis extrem feucht, von extrem kalt bis extrem heiß, von extrem dunkel bis extrem hell, von extrem salzhaltig bis sehr salzarm. Die Liste der Extreme lässt sich in all ihren möglichen Kombinationen und Varianten endlos fortsetzen. Die Umweltbedingungen selbst waren niemals konstant. Sie unterlagen ständigen Veränderungen und die Natur reagierte darauf stets mit Anpassung und Weiterentwicklung. Diese Fülle von Umweltfaktoren bildet die Grundlage für die enorme Biodiversität in der Natur.

Mutation und Selektion sind die wohl bekanntesten Mechanismen der Natur, um sich anzupassen. Aber auch die Einwanderung neuer Arten, die sogenannte Bioinvasion, ist ein Werkzeug der Natur, um neue Lebensräume mit besser angepassten Arten zu besiedeln. Diese Arten können dann weniger gut angepasste Arten verdrängen und ihre Existenz bedrohen.

Veränderungen von Umweltbedingungen sind also die Voraussetzung für das grundsätzlich kreative Wesen der Natur und für die Vielfalt ihrer Arten, sie fördern das stete Bestreben der Natur, neues Leben hervorzubringen!

BEDROHLICHE GESCHWINDIGKEIT

Lebensräume verändern sich. Zunächst waren es vor allem „Naturphänomene“ wie etwa die Entstehung von Tälern und Gebirgen, der langsame Wandel zwischen Eiszeiten und Wärmeperioden oder auch Naturkatastrophen wie Vulkanausbrüche, die Veränderung auslösten. Seit dem Beginn des Zeitalters der fossilen Verbrennung ist es immer mehr auch der Mensch, der Lebensräume verändert, natürliche Kreisläufe unterbricht oder auch neue Bedingungen und Kreisläufe schafft. Der CO_2-Ausstoß

Klimaveränderung ist nicht neu: Das Gemälde ‚Die Jäger im Schnee' wurde von Pieter Bruegel d. Ä. im Jahr 1565 während der sogenannten Kleinen Eiszeit geschaffen. © Gemeinfrei; Quelle: Wikipedia.org

hat in den letzten Jahrzehnten enorm zugenommen und sein Zusammenhang mit dem Weltklima ist heute unbestritten. Bei aller Komplexität der Ursachen und Zusammenhänge können wir heute messen, dass sich das Weltklima in seiner zeitlichen Abfolge so rasch ändert wie noch selten zuvor in der Erdgeschichte. Der Natur verbleiben in dieser sehr rasch verlaufenden Veränderung der klimatischen Bedingungen zu ihrer Anpassung nur die beiden Methoden Selektion und Bioinvasion, also das Aussterben von Arten und das Einwandern von bislang nicht heimischen Arten. Eine Anpassung durch eine Veränderung der genetischen Ausstattung und damit der Merkmale und Eigenschaften einer Art gelingt in der kurzen zur Verfügung stehenden Zeit höchstens bei Mikroorganismen, nicht jedoch bei höher entwickelten Lebewesen. Womit wir derzeit konfrontiert sind, das sind die Ergebnisse aus diesen Entwicklungen.

Lebensräume und damit Lebensbedingungen verändern sich sehr rasch, angestammte Lebewesen kommen mit den neuen Bedingungen nicht mehr zurecht und Neozoen und Neophyten (neu zuwandernde Tiere und Pflanzen) erobern diese Lebensräume. Auch Krankheitserreger und Überträger (Vektoren) von Krankheitserregern sind bei diesen Veränderungen zu berücksichtigen und spielen eine große Rolle, wenn man die Auswirkungen des Klimawandels genauer betrachtet.

KLIMA IST NICHT WETTER

Meteorologen sagen vereinfacht: „Klima ist das, was wir erwarten – Wetter ist das, was wir bekommen."

Das Wetter wird durch die chaotische Struktur der Atmosphäre bestimmt und betrifft kurzfristige Geschehnisse. Daher konzentriert sich die Wetterforschung auf einzelne Wetterelemente wie Hoch- oder Tiefdruckgebiete.

Im Gegensatz dazu bezieht sich der Begriff „Klima" normalerweise auf einen Zeitraum von etwa 30 Jahren oder mehr. Die Klimaforschung untersucht die Gesamtheit von Erscheinungen über längere Zeiträume, wie beispielsweise Trends bei Temperaturverläufen und Niederschlagsmengen.

Im Zusammenhang mit dem Klimawandel haben wir Menschen kein Erkenntnisproblem, sondern ein Umsetzungsproblem!

WAS IST DER KLIMAWANDEL?

Der Klimawandel beschreibt, wie sich das Wetter im langfristigen Durchschnitt verändert.

Treibhausgase (THG), wie etwa Ozon (O_3), Lachgas (N_2O), Kohlendioxid (CO_2) oder Methan (CH_4), kommen natürlicherweise in der Erdatmosphäre vor. Sie entstehen beispielsweise bei Vulkanausbrüchen, aber auch durch die Verbrennung fossiler Brennstoffe, durch Abholzung und industrielle Prozesse.

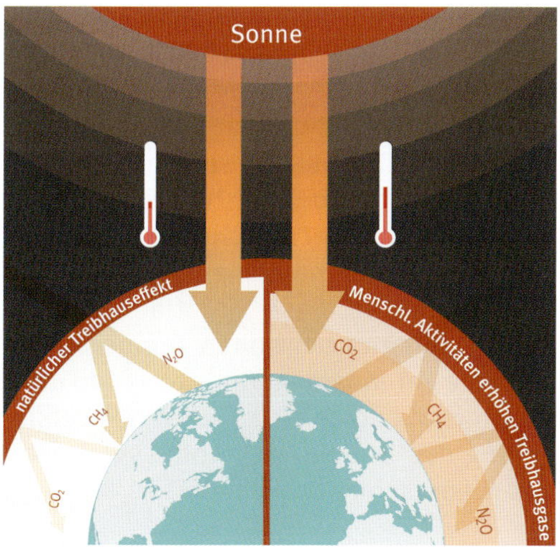

Wirkung von Treibhausgasen © istock/ b44022101

THGs verhindern zum Teil, dass Sonnenstrahlung von der Erde reflektiert wird (natürlicher Treibhauseffekt). Sind mehr THGs in der Atmosphäre, steigen die durchschnittlichen globalen Temperaturen an, denn sie nehmen die Wärmeenergie der Sonne auf und reflektieren sie zurück in die Atmosphäre. Extremwetterereignisse nehmen zu, Gletscher und Eisschilde schmelzen ab, der Meeresspiegel steigt an. Außerdem kommt es zu Verschiebungen in Ökosystemen und bei der Verteilung von Pflanzen- und Tierarten.

Mit der Industrialisierung nahm der menschgemachte (anthropogene) Treibhauseffekt zu (Abbildung). Am Beginn des Industriezeitalters waren die Emittenten von THGs sehr begrenzt (v. a. GB, F, D). Die Auswirkungen der gestiegenen Emissionen wurden global gesehen über einige Jahrzehnte gepuffert bzw. von anderen Effekten (z. B. kleine Eiszeit) überlagert.

KLIMAWANDEL UND EXTREMWETTER

Es ist weder möglich noch seriös, jedes Extremereignis direkt auf den Klimawandel zurückzuführen. Allerdings erhöht sich durch steigende Temperaturen das Risiko für ihr Auftreten und ihre Intensität. Dies geschieht allein schon deshalb, weil warme Luft mehr Wasserdampf aufnehmen kann, der beim Eintreffen einer Kaltfront oder aufsteigender Wolkentürme in kältere Luftschichten als Starkregen niedergeht.

Pro Grad Erwärmung kann die Luft um 7 % mehr Wasserdampf aufnehmen. © A. Deutz

DIE HOCHWASSERGEFAHR NIMMT ZU

Die Häufigkeit von Starkregen wird mit steigenden Temperaturen zunehmen, weil die Luft für jedes Grad Erwärmung rund 7 % mehr Wasserdampf enthalten kann (Clausius-Clapeyron-Gesetz der Physik). Wenn diese extrem feuchte Luft auf ein Gebirge oder eine Kaltfront trifft, sind in kurzer Zeit zwischen 100 und über 200 Liter Niederschlag/m² mit entsprechenden Überflutungen und Murenabgängen zu erwarten. Verschärft wird diese Situation dadurch, dass einerseits bei hohen Temperaturen auch die Verdunstungsrate steigt und dass andererseits durch die zunehmende Versiegelung des Bodens das Abflussverhalten des Niederschlages verändert wird.

Die durch Hochwasser verursachten Schäden sind in Österreich und Europa in den letzten Jahren deutlich angestiegen. Dies ist einerseits bedingt durch die Veränderungen in den Einzugsgebieten und Tälern (z. B. Verlust von Überflutungsräumen), welche das Hochwasserrisiko flussabwärts verschärfen, andererseits durch die Zunahme an höherwertigen Nutzungen auf potenziell hochwassergefährdeten Flächen. Daher fordern die österreichische Strategie zur Anpassung an den Klimawandel und die EU-Hochwasserrichtlinie, dass im Rahmen eines integrierten Hochwasserrisiko-Managements bestehende Überflutungsflächen erhalten und verloren gegangene Überflutungsflächen wiederhergestellt werden.

Nicht erst seit der Implementierung der Europäischen Hochwasserrichtlinie (HWRL) sind die Nationalstaaten gefordert, sich des Themas Hochwasser verstärkt anzunehmen. Der Siedlungsdruck vor allem im alpinen Raum und die damit einhergehende zunehmende Versiegelung und Ausweisung von Bauland in sogenannte Restrisikogebiete bedeuten für das Wasser- und Hochwassermanagement zusehends größere Herausforderungen.

Dadurch, dass wärmere Luftmassen viel mehr Wasserdampf enthalten können, steigt das Risiko von Starkregen und Unwettern. © W. Deutz

Unwetterbedingte Schäden infolge des Klimawandels steigen stetig an. © Erwin Spiegel

Die Folgekosten von Unwetterschäden werfen mittlerweile Fragen der zukünftigen Finanzierbarkeit auf und beschäftigen das Versicherungswesen. © W. Deutz

Die Auswertung aktueller und historischer Luftbilder der letzten 60 Jahre zeigte anhand einer Fallstudie am Tiroler Inn eine deutliche Verschiebung von hochwasserverträglichen Nutzungen (Grünland) zu hochwassersensiblen Nutzungen (Siedlungs-, Industrie-, Gewerbe-, Sonder- und Verkehrsflächen), die heute bereits ein Drittel der Fläche einnehmen (StartClim2013). Wegen der höherwertigen Nutzung wurden Hochwasserschutzdämme errichtet, die das Land vom Fluss abtrennen. Diese beiden Umstände führen zusammen zu einer Vergrößerung des Hochwasserrisikos – nicht nur lokal für die Anrainergemeinden, sondern auch großräumig für weiter flussabwärts liegende Gebiete. Natürliche Überflutungsflächen mit hochwasserangepassten Nutzungen als Puffer zur Abminderung von Extremereignissen erhöhen das Risiko hingegen nicht. In Hinblick auf die durch den Klimawandel zeitweise erhöhten Abflüsse ist daher wichtig, zusätzliche potenzielle Überflutungsflächen freizuhalten bzw. wiederzugewinnen und in ein integriertes Hochwassermanagement einzubinden.

SO VERHALTEN SIE SICH RICHTIG IN EXTREMWETTERSITUATIONEN

Im Hochwassergebiet

Wenn Sie in einem von Hochwasser gefährdeten Gebiet leben, ist es wichtig, rechtzeitig Vorsorgemaßnahmen zu treffen und Hilfsmittel bereitzuhalten. Das Naturgefahrenportal der Schweizerischen Eidgenossenschaft hat die wichtigsten Punkte zusammengefasst, was vor, bei und nach einem Hochwasser zu beachten ist.

- Wichtiges **Material bereithalten,** wie z. B. Abwasserpumpen, Schläuche, Sandsäcke, Plastikfolie, Dichtungsmaterial, Schalungstafeln, Holzbretter, Werkzeug, Nägel, Notstromaggregat, persönliche Notausrüstung; deren Gebrauchstauglichkeit jedes Frühjahr kontrollieren
- **Bauliche Maßnahmen** am Gebäude vornehmen: Lichtschächte erhöhen, Schwachstellen an undichten Türen, Fenstern, Lüftungsschlitzen oder Elektrozuleitungen beheben; Schutzmauern erstellen; Rückstauklappen in der Abwasserleitung einbauen (Dachwasser- und Schmutzwasserableitung trennen)
- **Innenraumnutzung anpassen**, z. B. im gefährdeten Bereich keine Wohn- und Arbeitsräume einrichten, Elektroanlagen überflutungssicher aufstellen und Heizöltanks gegen Aufschwimmen sichern
- **Gefährliche Stoffe** sicher lagern: Wassergefährdende und leicht entzündbare Stoffe (Chemikalien, Dünger, Schmier- und Treibstoffe, Farben, Verdünner, usw.) außerhalb der kritischen Zone lagern
- Sich informieren, wo und wer in ihrer Gemeinde **Sandsäcke** abgibt

- Bei der Gebäudeversicherung die **Versicherungsdeckung** im Elementarschadenfall überprüfen
- In Ihrem Haushalt besprechen, wer im Falle eines Hochwassers was zu tun hat (**Aufgabenverteilung**)
- Mögliche **Fluchtwege** (aus gefährdeten Räumen, aus dem Haus, der Siedlung) überlegen

Wenn sich ein Hochwasser ankündigt

- **Informiert bleiben**: Aktuelle Wettermeldungen und Hochwasserwarnungen über Radio, Fernsehen und Internet verfolgen
- **mobile Sachwerte** (Auto, Wohnwagen, Möbel etc.) an einen sicheren Ort bringen
- **Strom- und Gaszufuhr** in gefährdeten Räumen unterbrechen
- **Leitungen, Fenster und Türen abdichten,** aber sich dabei nicht unnötig in Gefahr begeben!
- **Versorgung hilfsbedürftiger Personen sicherstellen** und Nachbarinnen und Nachbarn Hilfe anbieten

Während eines Hochwassers

Während eines Hochwassers gilt es, sich angemessen zu verhalten. So können Personen und Sachen geschützt und Schäden vermieden werden. Was man tun kann:

- **Bleiben Sie ruhig und überlegt.** Bringen Sie sich nicht unnötig in Gefahr. Verlassen Sie das gefährdete Gebiet.
- Meiden Sie bei Überschwemmungsgefahr Keller und Tiefgaragen. Fahren Sie nicht mit dem Auto/Fahrrad durch überflutete Straßen.
- Halten Sie sich nicht an Gewässern, die Hochwasser führen, auf. Flutwellen könnten Sie überraschen und Ufer, die unterspült werden, könnten einstürzen.
- Schalten Sie das Radio ein und befolgen Sie die Anweisungen der Einsatzkräfte.

Nach einem Hochwasser

Nach einem Hochwasser können entstandene Schäden dank angepasstem Verhalten minimiert und weitere Schäden vermieden werden. Was es zu beachten gilt:

- Stromkreis und Gasanlage erst einschalten, nachdem eine Fachperson die Installationen und Geräte geprüft hat
- Trinkwasserleitungen gut durchspülen, Wasser im Zweifelsfall abkochen
- Aufräum-, Reinigungs- und Trocknungsarbeiten möglichst rasch beginnen
- Keller erst dann auspumpen, wenn der Grundwasserspiegel unterhalb des Kellerbodens liegt
- Schaden bei der Gebäudeversicherung anmelden. Beschädigte Gebäudeteile, Einrichtungen und Gegenstände erst nach der Besichtigung durch Sachverständige entsorgen.
- Persönliche Erfahrungen der letzten Hochwasser auswerten und falls nötig eigene Maßnahmen treffen
- Maßnahmen zur Verhinderung künftiger Schäden mit Fachpersonen besprechen

Nach einem Hochwasserereignis sollte man vor allem vor Inbetriebnahme von Stromkreis und Gasanlagen deren Sicherheit von Fachpersonal überprüfen lassen. © jbjones27/Pixabay

An Hitzetagen und in Tropennächten

Der steirische Hitzeschutzplan empfiehlt:

- Trinken Sie mindestens zwei bis drei Liter pro Tag, am besten Mineralwasser oder Fruchtsäfte.
- Vermeiden Sie alkohol-, koffein- und stark zuckerhaltige Getränke.
- Tragen Sie lockere Kleidung, eine Kopfbedeckung und kühlen Sie Ihren Körper.
- Suchen Sie kühle Räume auf und vermeiden Sie körperliche Anstrengungen im Freien.

Medikamente können die Körpertemperatur und den Elektrolythaushalt des Körpers beeinflussen. Dazu zählen Entwässerungsmittel (Diuretika) und bestimmte Antibiotika, Beruhigungsmittel (Sedativa) sowie alle Medikamente mit Auswirkung auf die Aufmerksamkeit (Antidepressiva).

Hitzestress, Sonnenstich und Hitzeschock

- Erste Warnzeichen sind: starkes Schwitzen, Leistungsverlust, Schwindel, Herzklopfen, erschwertes Atmen, pulsierender Kopfschmerz, Verwirrtheit, trockene Haut, Muskelkrämpfe, Erbrechen oder Durchfall
- Ein Sonnenstich als Folge von zu langer direkter Sonneneinstrahlung kann heftige Kopfschmerzen bis hin zum Bewusstseinsverlust bewirken.
- Der Hitzeschock ist lebensbedrohlich bei Körpertemperaturen über 40 °C sowie bei Störungen des Zentralnervensystems – Delirium bis hin zum Koma!
- In Notfällen: Hinlegen – Körper kühlen – Flüssigkeit trinken, Notruf bzw. Ärztin/Arzt verständigen!

Während eines Gewitters

Bei rasch ziehenden Gewittern ist vor allem mit Sturmböen und möglicherweise auch mit Hagel zu rechnen. Dabei treten Sturmböen oftmals vor der Blitz- und Schaueraktivität auf. Langsam ziehende oder stationäre Gewitter haben ihr Gefährdungspotenzial vor allem in starker Schauertätigkeit.

Die Entfernung eines Gewitters kann durch die Zeit zwischen dem sichtbaren Blitz und dem hörbaren Donner abgeschätzt werden. Faustregel: Anzahl Sekunden zwischen Blitz und Donner durch drei geteilt, ergibt die Distanz zum Gewitter in Kilometer.

So meistern Sie Gewittersituationen:

- Die lokale Wetterentwicklung beobachten, Informationen einholen und das Verhalten den Verhältnissen anpassen
- Blitzgefährdete Kuppen, exponierte Bäume, Baumgruppen, Masten oder Türme meiden
- Schutz suchen: in einem Gebäude/Auto (Faradayscher Käfig)
- Wenn kein Schutz in Sicht ist: Kauerstellung einnehmen
- Verzicht auf Bergtouren oder andere Outdoor-Aktivitäten
- Nähe von metallischen Gegenständen oder Wasserflächen meiden
- Wenn man beim Baden überrascht wird, sofort aus dem Wasser steigen

Die Gefahr von Fels- und Bergstürzen nimmt durch Witterungsextreme und den Rückgang des Permafrostbodens zu. © A. Deutz

- Überflutete Straßenabschnitte umfahren oder wenn nötig langsamer befahren
- Bachbette und stark geneigte Hangzonen meiden
- Anweisungen der Behörden sind in jedem Fall zu befolgen

Steinschlag, Fels- und Bergsturz

Natürliche Prozesse im Hochgebirge (z. B. Fels- und Bergstürze) werden sich als Folge des Klimawandels verstärken und stellen somit eine zunehmende Gefahr für Personen und Infrastruktur dar. Während für Siedlungen, Straßen und touristisch intensiv genutzte Flächen (z. B. Skipisten) ein System an permanenten und temporären Schutzmaßnahmen besteht, stellt sich zunehmend die Frage nach der Gewährleistung der Sicherheit für Personen, die sich abseits dieser geschützten Areale auf Wander- und Bergwegen bewegen. In einem Projekt wurde eine Gefährdungskarte abgeleitet, die das untersuchte Gebiet flächenhaft in vier Gefährdungsklassen gliedert (StartClim 2009F). Mit Hilfe von Daten aus Klimamodellen wurden die Bedingungen für ein Szenario 2030 abgeschätzt und auch für dieses Jahr eine Gefährdungskarte erstellt. Durch Überlagerung mit dem Wege- und Routennetz wurden Karten der Verletzlichkeit einzelner Wegabschnitte erstellt, welche von Kundigen der Region begutachtet und in Hinblick auf mögliche Maßnahmen bewertet wurden. Die vorgeschlagenen Maßnahmen reichen von konkreten Wegsicherungsarbeiten bis zu neuen Organisationsformen in der Wegerhaltung. Auch Sperren von Wegen und Routenverlegungen werden zunehmend nötig werden.

Hier finden Sie den ausführlichen Projektabschlussbericht zu StartClim2009.F: AlpinRiskGP Abschätzung des derzeitigen und zukünftigen Gefährdungspotenzials für Alpintouristinnen/-touristen und Infrastruktur

---

So verhalten Sie sich richtig während Massenbewegungen

- Während einer Rutschung, eines Murenabgangs oder eines Steinschlags ist es wichtig, ruhig und besonnen zu bleiben
- Aufenthalt in von Rutschungen, Hangmuren, Murgängen und Steinschlägen gefährdeten Hängen meiden (Gefahrenkarten beachten)
- Sich nicht außerhalb von Gebäuden aufhalten – Schutz suchen in stabilen Gebäuden
- Sich nicht in Gebäuden aufhalten, die nur eine geringe Robustheit aufweisen (z. B. Remise, Scheune)
- Wer in gefährdeten Gebieten wohnt, begibt sich in die hangabwärts gelegenen Räume
- Im Falle einer Evakuation unbedingt die Anweisungen der Einsatzkräfte vor Ort befolgen

Infektionsgefahr nach Extremereignissen

Neben Überschwemmungen oder Murenabgängen gibt es weitere bedeutende Herausforderungen im Zusammenhang mit starken Niederschlägen. Nach schweren Niederschlägen können verschiedene wasserübertragbare Krankheiten freigesetzt und verbreitet werden, wenn Abwasserleitungen überlaufen. Umgekehrt kann der Rückgang des Wasserstands im Sommer die bakterielle und chemische Kontaminierung des Wassers erhöhen und bei späteren Extremereignissen zur Gefahr werden. Höhere Wassertemperaturen führen zu vermehrter Algenblüte. Die erhöhte Kontaminierung mit Fäkalbakterien kann auch die Trinkwassergewinnung und die Wasserqualität von Freizeiteinrichtungen wie Freibädern beeinträchtigen. Darüber hinaus könnten aufgrund von Wasserknappheit vermehrt Infektionskrankheiten übertragen werden, da wesentliche Hygieneverrichtungen wie Händewaschen eingeschränkt sein könnten.

Tropische Wirbelstürme nehmen zu

Die Zunahme der tropischen Wirbelstürme und ihrer Intensität und damit Zerstörungskraft lässt sich ebenfalls über die höheren Luft- und Wassertemperaturen in den Ozeanen erklären. Sie können überhaupt erst entstehen, wenn die Meeresoberfläche 26 °C erreicht hat. Es ist mittlerweile wahrscheinlich, dass aufgrund der Erwärmung des Mittelmeers auch Wirbelstürme in Richtung Süd- und Mitteleuropa entstehen können. Die starke Erwärmung der Wasseroberflächen führt zu einer höheren Verdunstung. Dadurch können wärmere wolkentragende Luftschichten deutlich mehr Wasserdampf aufnehmen. Bei Eintreffen einer Kaltfront oder wenn diese Luftmassen aufsteigen und abkühlen, kann dies zu Extremniederschlägen mit Unwetterpotenzial führen.

Europäische Warnsysteme

Auf EU-Ebene wurde das Europäische Warnsystem für Überschwemmungen (EFAS) gegründet. Es wurde im Rahmen des Projekts „Wetterbedingte Naturkatastrophen“ (WDNH) entwickelt und es soll mittelfristige Überschwemmungssimulationen in ganz Europa mit einer Vorlaufzeit zwischen drei und zehn Tagen sowie Informationen für Bereitschaftsplanung und Hilfsmanagement bei einer Überschwemmungskatastrophe liefern. Echtzeitdaten sind nicht für Einzelpersonen zugänglich, jedoch können offizielle Stellen (sog. Partner) darauf zugreifen.

Durch die Trockenheit steigt auch die Gefahr für Waldbrände im alpinen Raum. © Ylvers/Pixabay

Details dazu und eine Liste der Partner gibt es unter: https://www.efas.eu

Das Europäische **Waldbrandinformationssystem** (EFFIS) bietet Unterstützung für diejenigen, die sich mit dem Schutz vor Waldbränden in der EU und benachbarten Ländern befassen. EFFIS ist ein modulares, internetbasiertes geografisches Informationssystem, das Echtzeit- und historische Daten zu Waldbränden und deren Verlauf in Europa, im Nahen und Mittleren Osten sowie in Nordafrika bereitstellt. Die Überwachung durch EFFIS erstreckt sich über den gesamten Brandzyklus und umfasst Informationen zu den Bedingungen vor einem Brand sowie zur Analyse der verursachten Schäden.

Hier können Sie die aktuelle Waldbrandsituation in Europa in Echtzeit abrufen.

KLIMAWANDEL UND WASSERVERSORGUNG

Extremereignisse, wie Hochwasser oder Dürre, haben in den letzten Jahren immer wieder zu Stör- und Notfällen in der Trinkwasserversorgung in Österreich und angrenzenden Regionen geführt. Bei Niederschlagsereignissen hängen die Art und das Ausmaß der auftretenden Schäden von der Intensität des Niederschlags ab: Bei Starkregen kommt es vor allem zur Zerstörung der Infrastruktur, bei Landregen beispielsweise zur Überstauung des Gewinnungsgebietes.

Bei Trockenheit sind hauptsächlich jene Wasser-Gewinnungsgebiete betroffen, die eine geringe Überdeckung aufweisen. Um die Versorgung auch während Perioden mit geringen Niederschlägen gewährleisten zu können, sind Maßnahmen in unterschiedlichen Bereichen erforderlich: in der Störfallvorsorge (organisatorische und technische Maßnahmen), Vorsorgemaßnahmen bei drohender Gefahr und ein Krisen- und Katastrophenmanagement im Ernstfall (Trinkwassernotversorgung, Informationspolitik und Medienarbeit, Zusammenarbeit mit Krisen- und Katastrophenstäben).

Der Vergleich verschiedener Konzepte in Österreich in einem Projekt (StartClim2005. A4) hat gezeigt, dass die Strategien und Maßnahmen der Wasserversorger sehr stark von den Vorgaben und Anreizen der jeweiligen Bundesländer – z. B. finanzielle Förderungsmaßnahmen – beeinflusst werden. Als Resultat waren z. B. die Auswirkungen der Trockenheit 2003 im Land Steiermark, das Maßnahmen zur Verhinderung einer Versorgungsunterbrechung durch Wassermangel finanziell fördert, nicht so gravierend wie in anderen Bundesländern.

Ein neues integrales Konzept zur Sicherung der Wasserqualität ist der **Wassersicherheitsplan** (WSP), wie er in den Richtlinien der World Health Organisation (WHO) vorgeschlagen wird. Im Rahmen der Umsetzung des Wassersicherheitsplans bei Wasserversorgungsanlagen kann auch auf die Störfallvorsorge bzw. das notwendige Krisenmanagement eingegangen werden, wodurch eine Versorgungsunterbrechung weitestgehend verhindert werden kann.

Angesichts der aktuellen Klimaprognosen wird die Häufigkeit meteorologischer Extremereignisse voraussichtlich zunehmen. Es ist entscheidend, diese Zukunftsszenarien in die Planung zu integrieren, um eine bessere Vorbereitung der Wasserversorger

Österreich verfügt noch über enorme Wasserreserven (hier Grüner See, Steiermark). Dennoch kann es regional zu Wasserknappheit kommen. © A. Deutz

auf solche Ereignisse zu gewährleisten. Die Wasserversorgungssysteme müssen verstärkt auf ihre Anfälligkeit hin überprüft werden. Dies erfordert unter anderem eine größere Diversifizierung der genutzten Wasserressourcen.

GLETSCHERRÜCKGANG UND WASSERHAUSHALT

Das Jahr 2022 war in Österreich außergewöhnlich warm und verzeichnete vergleichsweise geringe Niederschläge. Die heimischen Gletscher waren besonders stark von dieser Kombination aus Wärme und Niederschlagsmangel betroffen. Hohe Sommertemperaturen, eine geringe Schneedecke und hohe Mengen an Saharastaub führten zu einer rapiden Gletscherschmelze. Neben Hitze und Trockenheit wurden einzelne schwere Unwetter mit Murenabgängen und Überschwemmungen verzeichnet. Im Jahr 2022 verloren die österreichischen Gletscher durchschnittlich drei Meter Eisdicke, etwa doppelt so viel Masse wie im Durchschnitt der letzten 30 Jahre. Die Auswirkungen des Gletscherschwunds erstrecken sich nicht nur auf die Hochgebirge. Das schmelzende Eis und auftauende Permafrostböden führen zu Steinschlägen, Felsstürzen und Murenabgängen, was den (Ski-)Tourismus, die alpine Infrastruktur und die Sicherheit im alpinen Raum gefährdet. Der Gletscherschwund beeinflusst auch den Wasserhaushalt, die Biodiversität, die Schifffahrt sowie die Energiewirtschaft und erfordert daher dringende Anpassungsmaßnahmen, insbesondere in den Bereichen Wasserwirtschaft, Katastrophenschutz und Tourismus (Klimastatusbericht 2022).

Der Gletscherrückgang bewirkt eine Abnahme des durch Eisschmelze generierten Abflusses (Gletscherspende) speziell in den Sommermonaten. In den Übergangsmonaten im Frühjahr und Herbst tritt eine Erhöhung des Abflusses aufgrund der Anhebung der Schneefallgrenze ein. Insgesamt ergibt sich eine Zunahme der mittleren Abflüsse im Frühjahr und einer Reduktion der mittleren Abflüsse im Sommer. Dies bewirkt eine Verschiebung der jährlichen Abflussmaxima von den Monaten Juli und August hin zu vermehrtem Auftreten von Jahresmaxima in Mai und Juni. Diese Veränderungen haben Auswirkungen auf Hochwasserszenarien und sollten berücksichtigt werden. Auch die Energiegewinnung (Wasserkraftwerke) und Bewässerungsmöglichkeiten werden direkt beeinträchtigt.

Der Gletscherrückgang beeinflusst den Wasserhaushalt. Es ist absehbar, dass es zukünftig in Österreich keine Gletscher mehr gibt – mit allen Konsequenzen auch für die Wasserversorgung. © A. Deutz

KLIMAWANDEL UND WASSERÖKOSYSTEME

Verschiedenste Modellberechnungen prognostizieren im Rahmen des Klimawandels auch eine Zunahme der heimischen Gewässer-Temperaturen. Damit unmittelbar verbunden ist auch eine Abnahme des Sauerstoffgehaltes des Wassers.

Eine Untersuchung der österreichischen Bundesforste (ÖBf; 2009) bestätigte diesen Trend. Bei allen zwölf der untersuchten österreichischen Seen konnte seit 2001 eine Zunahme der Wassertemperatur an der Oberfläche von 1,0 bis 1,7 °C gemessen werden. Die Lebensbedingungen für die in diesen Ökosystemen vorkommenden Tiere und Pflanzen ändern sich dadurch grundlegend. „Kälteliebende" Fischarten wie Saiblinge und Forellen kommen unter Stress, haben vermehrt mit Krankheiten zu kämpfen und werden durch „wärmeliebende" Fischarten verdrängt. Die Auswirkungen auf Mikroorganismen wie Phyto- und Zooplankton, die die Lebengrundlage in jedem Gewässer darstellen, sind zum größten noch gar nicht erforscht. Auch hier ist mit großen Veränderungen zu rechnen.

Deutlich erkennbar ist bereits, dass sich die Alpenflüsse in ihrem Abflussverhalten ändern: Vermehrte Niederschläge im Winter bei zugleich weniger Frostperioden erhöhen die Pegelwerte der Flüsse im Winter und reduzieren die Wasserspeicher in Form von Eis und Schnee für den Frühling und den Sommer. Verminderte Niederschläge während des Sommers führen in dieser Zeit zu niedrigeren Pegelständen der Flüsse, was wiederum die Fischbestände in den Oberläufen gefährdet bzw. Auen und Moore an den Unterläufen austrocknen lässt. Dass damit letztlich auch unsere Trinkwasserreserven beeinträchtigt sein können, ist eine logische Konsequenz. Das war z. B. in Oberitalien während des Sommers 2017 bereits deutlich spürbar.

BACHFORELLEN UND ÄSCHEN SIND BESONDERS SENSIBEL

Beobachtungen an der Oberen Traun im Sommer 2012 zeigten, dass hohe Temperaturen (bis zu 21 °C an der Bachsohle) vor allem große Bachforellen negativ beeinflussen können und auch Ausfälle verursachen. Anpassungen an die Auswirkungen des Klimawandels in der Flussraumbetreuung und der Bewirtschaftung von Forellengewässern

Höhere Wassertemperaturen können sich besonders auf Fischarten der Forellen- und Äschenregion im Oberlauf von Fließgewässern auswirken. Sogar mit neuen Krankheitsbildern, wie Proliferativen Nierenkrankheit (PKD), die nur auftritt, wenn die Wassertemperatur mindestens zwei Wochen über 15 °C liegt, ist zu rechnen. © A. Deutz

werden nötig sein, um thermische Habitate der Bachforelle zu erhalten bzw. ungünstige thermische Einflüsse zu identifizieren.

In den Oberläufen alpiner Fließgewässer in Österreich sind vor allem Bachforellen und teilweise Äschen beheimatet, die an die kalten, sauerstoffreichen und strömungsintensiven Bäche angepasst sind. Bachforellen bevorzugen niedrige Wassertemperaturen zwischen 3 °C und 19 °C. Durch steigende Temperaturen infolge des Klimawandels ist eine Verkleinerung der Forellen- und Äschenregion bzw. eine Verschiebung der Lebensräume in höhere Regionen anzunehmen. Beobachtungen der Bachforelle und Temperaturmessungen in den verschiedenen Fließgewässern der Oberen Traun im Sommer 2013 haben neue Erkenntnisse zum Verhalten von Bachforellen gebracht (Ficker et al., 2013). Bei hohen Wassertemperaturen zeigten Bachforellen eine Vorliebe für tiefere und kühlere Bereiche im Gewässer. Durch Querbauwerke (z. B. Dämme, Wehre) und bei niedrigem Wasserstand im Sommer sind solche Wasserbereiche oft nicht ausreichend erreichbar oder vorhanden. Bachforellen waren während des Tages auch weniger aktiv und Konkurrenz um Raum und Nahrung können die negativen Folgen von hohen Temperaturen noch verstärken. Reduziertes Wachstum und erhöhte Sterberaten der Bachforellen sind bei Temperaturen von über 26 °C zu erwarten. Da Bachforellen das höchste Wachstum während der Sommermonate aufweisen und die Fische in dieser Zeit Energiereserven für die Fortpflanzung im Herbst anlegen, könnte auch die Reproduktion beeinträchtigt werden und somit den zukünftigen Fischbesatz beeinflussen.

Die ursprünglich aus Nordamerika stammenden Regenbogenforellen oder auch Flussbarsche sind temperaturresistenter

Bachforellen suchen bei steigenden Wassertemperaturen vermehrt tiefere Bereiche auf – sofern diese vorhanden sind. © A. Deutz

und konkurrieren mit Bachforellen bzw. fressen ihre Jungfische.

Der Klimawandel beeinflusst den Lebensraum von Fischen also einerseits durch die Zunahme der Wassertemperatur, andererseits reduziert sich bei sinkenden sommerlichen Durchflussraten der für die Fische verfügbare Lebensraum, während gleichzeitig die Nährstoffkonzentrationen zunehmen. Dabei wirkt sich die Landnutzung auf die sommerlichen Durchflussraten stärker aus als die Lufttemperatur (Ficker et al., 2013).

Die Wassertemperatur stellte sich als wichtiger Faktor für die Fischverteilung, aber auch für die Nitritkonzentrationen im Sommer heraus (StartClim 2013). Diese ist von speziellem Interesse, da Nitrit toxisch wirken kann und im Zusammenspiel mit der Temperatur das Vorkommen von Kaltwasserfischen begrenzen könnte. Interessanterweise zeigten erhöhte Nitritkonzentrationen aber auch einen negativen Einfluss auf das Vorkommen weniger sensibler Fischarten. Weiträumige landwirtschaftliche Nutzung in den untersuchten Einzugsgebieten führt zu geringeren sommerlichen Durchflussraten und damit auch zu erhöhten Nitritkonzentrationen. Feuchtgebiete können diese negativen Effekte teilweise reduzieren. Die bis 2050 zu erwartenden sommerlichen Lufttemperaturen liegen nach dem IPCC A1b Szenario im Schnitt um ca. 3–4 °C höher als in der Referenzperiode (2000), die Spitzenwerte um 5 °C höher. Die daraus folgenden erhöhten Wassertemperaturen lassen jedenfalls für die Forelle und andere Kaltwasser bevorzugende Arten eine erhebliche Einengung des Lebensraums vermuten. Für andere Fischarten, die an wärmere Temperaturen angepasst sind, dürfte diese Erwärmung hingegen eine deutliche Ausweitung ihres Lebensraums bedeuten.

Auch die Temperatur der Donau und ihrer Zuflüsse hat sich in den letzten Jahrzehnten erhöht. Laut Zentralanstalt für Meteorologie und Geodynamik Wien (ZAMG) liegt der Gradient der Wassertemperatur der Donau in den letzten 30 Jahren bei 0,35 °C pro Dekade. Diese Erhöhung der Wassertemperaturen hat unweigerlich auch Auswirkungen auf die Wasserlebewesen. Hohe Wassertemperaturen haben einen geringeren Sauerstoffgehalt des Wassers zur Folge, Dürrezeiten führen zu niedrigeren Wasserpegeln und Schadstoffe konzentrieren sich im Wasser. Kleinlebewesen, die die Nahrungsgrundlagen für Fischarten darstellen, nehmen ab und natürliche Kreisläufe und „Nahrungsbeziehungen“ funktionieren nicht mehr. Eine verstärkte Veralgung/Vermoosung kann auch in unseren heimischen Bächen bereits festgestellt werden.

Äschen sind in Bezug auf Ökosystemqualität und Wassertemperaturen besonders sensibel, sodass deren Populationen in vielen heimischen Gewässern gefährdet ist. © J. Gasteiner

Höhere Wassertemperaturen und erhöhter Nährstoffeintrag (Eutrophierung) fördern das Algenwachstum und senken den Sauerstoffgehalt des Wassers. © A. Deutz

SAUERSTOFF SINKT UND NITRITKONZENTRATION STEIGT

Nitrit ist ein wichtiges Zwischenprodukt im Stickstoffkreislauf, das normalerweise in Fließgewässern nur in geringsten Mengen vorkommt. Es kann bereits in leicht erhöhten Konzentrationen toxisch wirken. Eine Erhöhung der Nitritkonzentrationen könnte daher die Verbreitung sensibler Arten einschränken. Die Reduktion der Durchflussraten wiederum bewirkt erhöhte Nitritkonzentrationen und könnte zusätzlich den negativen Einfluss anderer Stressfaktoren (z. B. erhöhte Wassertemperatur) verstärken. Reduzierte Durchflussraten verringern den verfügbaren Lebensraum für die gesamte wassergebundene Lebensgemeinschaft, wobei Fische aufgrund ihrer Größe am stärksten betroffen sein dürften. Weitere Stressfaktoren, die durch geringe Durchflussraten verstärkt werden, sind eine überproportional steigende Wassertemperatur und ein sinkender Sauerstoffgehalt.

Fischkrankheiten (im Bild der Gemeine Fischegel) nehmen infolge des Klimawandels zu. © J. Gasteiner

Der Sauerstoffgehalt sinkt einerseits auf Grund der höheren Wassertemperaturen, andererseits wegen des geringeren Gasaustauschs zwischen Luft und Wasser und der temperaturbedingt erhöhten Stoffwechselaktivität der Fluss- bzw. Bachbewohner.

„TROPIKALISIERUNG“ DES MITTELMEERES

Durch Meldungen während des Sommers erfahren wir aus der Presse immer wieder, dass die Temperaturen des Mittelmeeres rapide ansteigen und dramatische Ausmaße annehmen. So lagen die Wassertemperaturen im ligurischen Meer während der zweiten Juni-Dekade 2017 bei 25 °C und in manchen flachen Küstenabschnitten wurden Wassertemperaturen von teilweise bis zu 30 °C gemessen. In Fachkreisen spricht man in diesem Zusammenhang bereits von der sog. „Tropikalisierung“ des Mittelmeeres. Die Langzeitfolgen dieser Entwicklung sind heute noch nicht absehbar. Es gibt aber bereits Auswirkungen auf die Fischbestände, auf verschiedene Korallenarten und insgesamt auf die Mikrolebewesen des Meeres. Auch das Massenauftreten von Quallen und von Algen sind deutliche Anzeichen für höhere Wassertemperaturen. Mehrere hundert tropische Fischarten dürften sich im Mittelmeer bereits verbreitet haben. Zusätzlich zu beachten ist, dass das Meerwasser bei höheren Temperaturen weniger CO_2 binden und damit auch weniger aus der Atmosphäre aufnehmen kann.

GEGENMASSNAHMEN

Empfohlene Gegenmaßnahmen wären die Erhaltung bzw. Maximierung von Grundwasserzuflüssen, die meist abkühlend wirken, Minimierung bzw. Optimierung von Querbauwerken, Optimierung des Fischereimanagements und eine vielfältigere Gestaltung der Lebensraumstruktur für Bachforellen. Ein vielfältigeres Angebot an Kleinstlebensräumen, z. B. durch Totholz, größere Steine und Felsen kann die Anzahl der ansässigen Bachforellen erhöhen.

Durch strukturelle Verbesserungen im Bachbett können mehr Fische solche Bereiche für Ruhephasen bei niedrigem Wasserstand und hohen Temperaturen nutzen. Die Erhaltung bzw. Schaffung von tiefen und daher kühlen Gewässerbereichen kann zudem eine bessere Anbindung an Grundwasserzuflüsse schaffen und damit zu einer zusätzlichen Kühlung des Gewässers bzw. der Kleinstlebensräume beitragen.

Der Konkurrenzdruck der Regenbogenforelle auf die Bachforelle kann durch eine Anpassung des Fischereimanagements vermindert werden. Dazu könnten Anreize für Fischer geschaffen werden, um die Bestände der Regenbogenforelle zu dezimieren und um deren natürliche Vermehrung zu verhindern. Ein weiterer Aspekt des Fischereimanagements ist das Aussetzen zu großer Zahlen von jungen Bachforellen, das zu dichteren Fischbeständen führt und daher aufgrund der größeren Konkurrenz um Raum und Nahrung negative Folgen auf Wachstum und Mortalität von Bachforellen haben kann.

Geringe Abflussmengen und hohe Temperaturen führen zusätzlich zu erhöhten Fischdichten in den Sommerhabitaten. Dies kann aufgrund des erhöhten Konkurrenzdrucks die negativen Folgen von klimatischen Veränderungen noch verstärken. Daher kann eine Anpassung bzw. der Verzicht von Besatzmaßnahmen sinnvoll sein.

PHÄNOLOGIE: BEOBACHTUNGEN ÜBER LANGE ZEITEN

Phänologie ist die Wissenschaft, die sich mit den jährlich wiederkehrenden Ereignissen bei Pflanzen und Tieren beschäftigt. Dazu gehören etwa das Austreiben von Blättern, das Blühen oder Reifen von Früchten, aber auch Verhaltensweisen wie Balz- und Paarungszeiten sowie die Ankunft von Zugvögeln. Die Zeiten, zu denen diese Ereignisse auftreten, können in einem phänologischen Kalender festgehalten werden. Es gibt umfangreiche Aufzeichnungen zu Pflanzen, die mehr als 100 Jahre zurückreichen, aber phänologische Beobachtungen von Wildtieren sind weniger verbreitet und gehen nicht so weit zurück.

Durch den Klimawandel blühen Pflanzen früher, was sie aber anfälliger für Spätfröste macht. © A. Deutz

KLIMAWANDEL UND PHÄNOLOGIE

Die Veränderungen im Wetter und Klima der letzten Jahrzehnte haben deutliche Auswirkungen auf die Tier- und Pflanzenwelt. Der Anstieg der globalen Durchschnittstemperatur führt dazu, dass sich der jahreszeitliche Zyklus der Pflanzen verschiebt. Sie beginnen im Frühling früher zu blühen und gehen im Herbst später in ihre Ruhephase über. Untersuchungen im Rahmen des europaweiten Netzwerks phänologischer Gärten haben gezeigt, dass die Vegetationsperiode seit den frühen 1960er Jahren im Durchschnitt um etwa zehn Tage verlängert wurde, wovon sechs Tage auf das Frühjahr und vier Tage auf den Herbst entfallen. Diese Veränderungen werden auf die steigenden Temperaturen zurückgeführt. In der Schweiz wird sogar eine Verlängerung der Vegetationsperiode um bis zu 16 Tage angenommen.

Frühere Vegetation hat nicht nur Vorteile

Die Erhöhung der Durchschnittstemperaturen bewirkt, dass Pflanzen früher austreiben und blühen, auch ihre Laubphase verlängert sich. Steigt die Durchschnittstemperatur um 1 °C, dann verlängert sich die Laubphase um etwa 16 Tage. Es ist zu erwarten, dass die Vegetation pro Jahrzehnt etwa drei bis vier Tage früher beginnt. Obwohl dies auf den ersten Blick vorteilhaft erscheinen mag, führt es dazu, dass Pflanzen im Hochsommer bereits verholzen, was bedeutet, dass sie mehr Zellulose enthalten und schwerer verdaulich sind. Dies hat negative Auswirkungen auf die Nährstoffversorgung der Tiere. Wiildtiere, wie Gams- und Steinkitze, gehen im Herbst in schlechterer körperlicher Verfassung in den Winter. Demnach sind höhere Sterberaten zu erwarten. Bei landwirtschaftlichen Nutztieren müssen die Rationszusammenstellungen angepasst werden und die Schnittzeitpunkte sind zu überdenken.

Ein weiterer erheblicher Einfluss betrifft die Qualität von Futter und Äsung in alpinen Regionen während Hitzesommern. Die vorzeitige Alterung von Äsungspflanzen aufgrund höherer Temperaturen, gekennzeichnet durch einen höheren Gehalt an Zellulose und Lignin, wird als einer der Gründe für den massiven Rückgang des Steinwildes im unbejagten Nationalpark Gran Paradiso

Ein verzögerter Wintereintritt mit weniger Schnee beeinflusst auch die Fütterungshygiene und das Infektionsrisiko bei der Wildfütterung. © A. Deutz

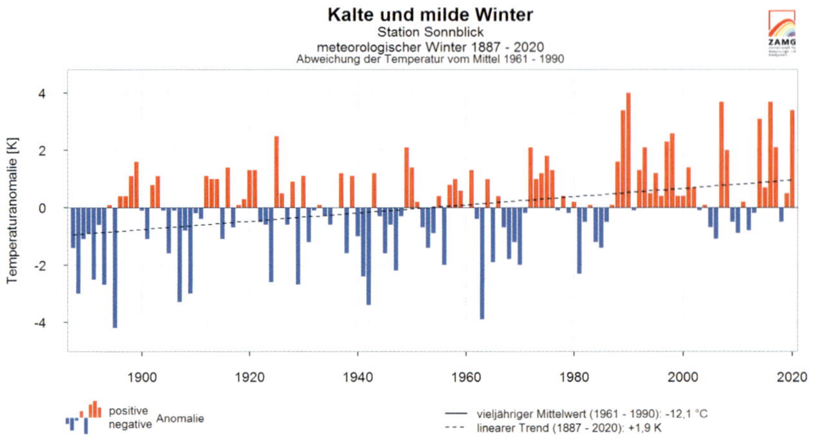

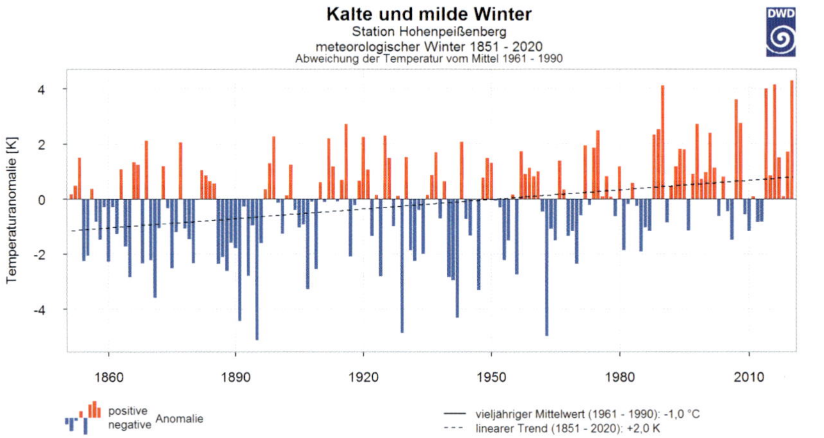

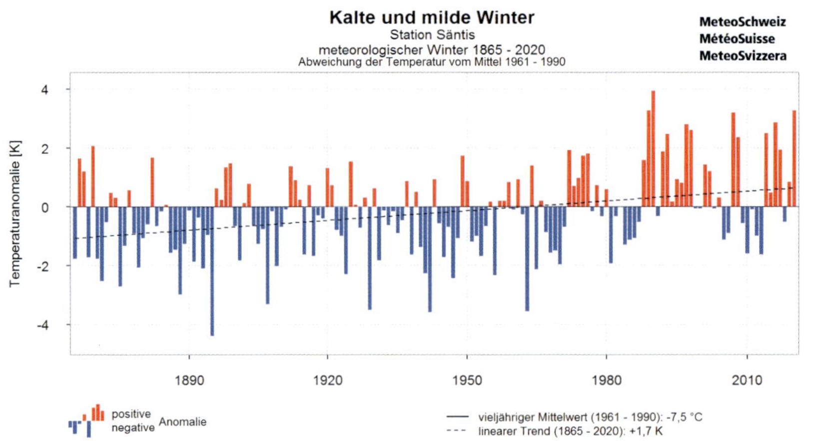

Seit den 1990er Jahren häufen sich milde Winter im Alpenraum – das zeigen Ergebnisse aus Österreich (Sonnblick), Deutschland (Hohenpeißenberg) und der Schweiz (Säntis). Vergleich mit der Klimareferenzperiode 1961-1990. Die strichlierte Linie markiert den Anstieg der Erwärmung (linearer Trend).
Quelle: DWD/ZAMG/MeteoSchweiz

angesehen. Alpenpflanzen weichen bei höheren Temperaturen in höhere Lagen aus, und wenn dies nicht möglich ist, werden sie von anderen Pflanzen verdrängt, was den Nahrungsvorrat für Wildtiere beeinflusst.

Späte Winter werden zunehmen

In den letzten beiden Jahrzehnten zeigt sich eine Tendenz zu einem verzögerten Wintereintritt mit einer längeren Vegetationszeit bis in den November/Dezember hinein. Es gibt auch späte Nassschneefälle im Mai, obwohl der Vegetationsbeginn früher einsetzt und die Jahresdurchschnittstemperaturen steigen. Diese Entwicklungen werfen Fragen nach einem flexibleren Beginn der Wildfütterung auf, der vom Zustand der Vegetation abhängt, ohne zu egoistischen Verhaltenstendenzen der Revierinhaber zu führen. Wenn die Wildfütterung im Oktober beginnt und die Temperaturen hoch sind, können hygienische Probleme auftreten, und jeder zusätzliche Tag der Fütterung erhöht das Risiko von Krankheitsübertragungen. Darüber hinaus wird die Jagd auf Rotwild durch eine frühzeitige Bindung an Fütterungsplätze erschwert, was möglicherweise notwendigen Regulierungen und Reduzierungen entgegensteht.

Weniger Schnee in tieferen Lagen

In Österreich haben die Schneehöhen und die Dauer der Schneebedeckung seit 1950 in den meisten Regionen abgenommen. Das zeigt eine Studie der Zentralanstalt für Meteorologie und Geodynamik (ZAMG) und der Universität Graz im Rahmen des Projekts „Snowpat“. Es gibt jedoch starke regionale Schwankungen. Mit Blick auf die langfristigen Aussichten ist zu erwarten, dass die Anzahl der Tage mit Schneebedeckung und die Schneehöhen in einem zunehmend wärmeren Klima weiter abnehmen werden.

Dies betrifft insbesondere tiefe und mittlere Höhenlagen, da in diesen Regionen aufgrund der Klimaerwärmung häufiger Regen statt Schnee fällt und der gefallene Schnee schneller schmilzt. Da es in Höhenlagen unter rund 1.500 Metern einen starken Zusammenhang zwischen Temperatur und Schneedecke gibt, ist anzunehmen, dass die Schneedecke in diesen Gebieten langfristig weiter schwindet. Die Wintertemperatur in Österreich hat in den letzten Jahren das höchste Niveau in der 250-jährigen Messgeschichte erreicht und ist seit den 1930er Jahren um etwa 0,25 °C pro Jahrzehnt gestiegen.

VERSCHOBENE ZEITEN FÜR WILDTIERE?

Die Folgen des Klimawandels auf die Vogelwelt wurde bisher möglicherweise unterschätzt, obwohl beobachtet wurde, dass sich einzelne Arten von Lang- zum Mittelstreckenzieher oder sogar zum Teilzieher bzw. Standvogel entwickelten oder Arten ihr Verbreitungsgebiet immer weiter nach Norden bzw. in höhere Lagen ausdehnen. Wenn nun klimabedingte Veränderungen Lebensräume beeinflussen und damit zu einem geänderten Nahrungsangebot führen, kann es beispielsweise Probleme in der Jungenaufzucht durch mangelnde Nahrung geben. Fatal können sich bei geänderten Zugzeiten auch Beginn und Ende der Mauser oder geänderte Brutzeiten auswirken.

Große Vogelarten zeigen sich besonders anfällig für die Klimaerwärmung. Das bestätigen aktuelle Studien. Dies hängt vermutlich

Brunft- und damit die Setzzeiten werden hauptsächlich durch die Tageslichtlänge und hormonell gesteuert. Welchen Einfluss der Klimawandel hat, wird sich erst in Zukunft weisen. © A. Deutz

damit zusammen, dass große Vogelarten tendenziell weniger Nachwuchs haben und dieser länger braucht, um die Geschlechtsreife zu erreichen. Dadurch können sie sich langsamer an veränderte Bedingungen anpassen.

Auch Zugvögel waren stärker von der Klimaerwärmung betroffen als sesshafte Vogelarten. Dies auch deshalb, weil sich die Brut- und Überwinterungsgebiete der Vögel ungleichmäßig erwärmen.

Das kann dazu führen, dass die Vögel nicht mehr rechtzeitig in ihren Brutgebieten eintreffen. Kommen sie zu spät, können sie ihre Brutsaison nicht voll ausnutzen. Sind sie zu früh, finden sie nicht genügend Nahrung für die Aufzucht ihrer Jungen (Halupka et al., 2023).

Ob sich Brunft- und Balzzeiten, Setz- und Brutzeiten oder auch Zeiträume der Geweihentwicklung verschieben, wird sich erst weisen, da viele dieser Abläufe in erster Linie von der Tageslichtlänge gesteuert und hormonell abhängig sind. Aber auch bei fast gleichbleibenden Setz- oder Brutzeiten und früherem Vegetationsbeginn können sich Nährstoffprobleme für Jungtiere ergeben, allein schon durch die bereits gealterte, inhaltsärmere Äsung oder ein geändertes Futterspektrum für Jungvögel.

EINFLUSS DES KLIMAWANDELS AUF FUTTERQUALITÄT UND PFLANZENARTEN

Pflanzen und Tiere können grundsätzlich auf drei Arten auf Änderungen der Umweltbedingungen bzw. dadurch verursachten Stress reagieren:

- Ausharren unter den geänderten Bedingungen (Stress-Toleranz),
- Abwandern in Gebiete mit besser passenden Bedingungen (Stress-Vermeidung) oder
- Aussterben.

Interessant sind vor allem jene Strategien, die ein Ausharren am Standort ermöglichen, da Pflanzen im Gegensatz zu Tieren wenig mobil sind. Auch hier gibt es drei Möglichkeiten, die sich teilweise ergänzen bzw. ineinander übergehen können:

a. ökologische Toleranz einzelner Arten, also die Möglichkeiten von Arten eine bestimmte Schwankungsbreite eines Umweltfaktors zu ertragen,
b. langsam verlaufende genetische Anpassungen der jeweiligen Population oder
c. Abpufferung durch externe Prozesse (z. B. im Boden), wodurch die Änderungen für bestimmte Pflanzengemeinschaften nicht voll zum Tragen kommen.

Jene Teile einer Population kommen besser mit den geänderten Bedingungen zu Rande, die die höchste (genetische) Diversität aufweisen und damit verbunden wahrscheinlich auch die höchste ökologische Toleranz besitzen. Verkompliziert werden diese Anpassungsstrategien durch weitere Einflüsse von außen, zusätzlich zu klimatischen Änderungen, wie Interaktionen zwischen Individuen bzw. Organismen (z. B. menschliche Nutzung, Konkurrenz, Änderungen bei Bestäubern oder Feinden/ Schädlingen ...), die diese Populationen ebenso massiv beeinflussen. Eine genetische Diversität wird auch bei Wildtieren im Alpenraum erforderlich sein, um Anpassungen an geänderte Lebensraumfaktoren zu schaffen. Die prognostizierten Änderungen der klimatischen Standortsbedingungen beeinflussen auch die chemische Zusammensetzung der Pflanzen, die sich direkt auf die Äsungs-/ Futterqualität auswirkt.

Details zu den Veränderungen der Pflanzenzusammensetzung auf den Almen finden Sie hier.

KOHLENDIOXID UND PFLANZEN

Eine der wichtigsten Ursachen der Klimaänderungen ist die Erhöhung der CO_2-Konzentration in der Atmosphäre. Dieses Gas spielt für die Pflanzen bei der Photosynthese eine zentrale Rolle.

Generell profitieren speziell Gräser von mehr CO_2 (Aufbau von Kohlenhydraten durch Photosynthese), es kann aber auch zu Problemen führen, da durch mehr CO_2 der vorhandene und begrenzte Stickstoff im Pflanzengewebe sozusagen „verdünnt" wird, die Blätter also weniger Stickstoff (Rohprotein) enthalten. Dies könnte zu einem erhöhten Fraß-/Äsungsdruck führen, da die Pflanzenfresser dieselbe Menge an Stickstoff (Proteine) aufnehmen müssen. Ebenso werden sekundäre Pflanzenstoffe wie Tannine beeinflusst, deren geänderte Konzentration wiederum die Verdaulichkeit der aufgenommenen Biomasse beeinflusst. Bei Bäumen hat man festgestellt, dass sie bei höheren CO_2-Gehalten schneller wachsen, aber nicht so alt werden.

Der generelle Trend nach mehreren Untersuchungen zeigt, dass auf lokalem bzw. regionalem Niveau die Artenvielfalt steigen kann. In den höchsten alpinen Lagen wird die Artenvielfalt jedoch langfristig sinken, da den speziell an Kälte angepassten Arten der Lebensraum zukünftig fehlen wird, weil für diese eine Wanderung „nach oben" nicht mehr möglich ist.

Steigen die Temperaturen, nimmt auch der Infektionsdruck mit Parasiten zu – beim Gams- und Steinwild sind besonders Kitze und Jahrlinge betroffen. © A. Deutz

Höhere Temperaturen haben einen negativen Einfluss auf die Futterqualität. © A. Deutz

Weitere Phänomene, für die es bereits Hinweise gibt, sind nicht zuletzt verstärkte und geänderte Muster bei Ausbrüchen von Krankheiten bzw. Schädlingsbefall. Beispiele dafür gibt es aus Norditalien bei der Fichte, wo durch wärmere und trockenere Verhältnisse über mehrere Jahre der Zuckergehalt in den Nadeln stieg und gleichzeitig für die Kleine Fichtengespinstblattwespe (*Cephalcia arvenis*) sowohl die Nahrungsgrundlage verbessert wurde als auch die Entwicklungszeit sank. Ähnliches ist auch für die Borkenkäfer nachgewiesen.

FORTSCHREITENDE LEBENSRAUMÄNDERUNGEN

Verschiebungen in der Verbreitung von Organismen sowohl entlang der geographischen Breite (Süd-Nord) als auch entlang des Höhengradienten, die auf Änderungen der Durchschnittstemperaturen zurückgeführt werden können, sind bereits Realität. Unter den derzeitigen Bedingungen wird eine Geschwindigkeit für diese Änderungen in der Verbreitung von Pflanzen von 1,7 km pro Jahr in Richtung Norden bzw. von 1,1 m in Richtung höherer Lagen angegeben. Beweise für Änderungen in der Verteilung von Pflanzenarten in den höheren Lagen lieferte bereits GRABHERR im Jahr 1994. Sichtbarstes Zeichen dieser Verschiebung im Alpenraum wird die Veränderung bei der Waldgrenze sein; bei einem Temperaturanstieg von 1–2 °C wird ein Anstieg der natürlichen Waldgrenze von 100 bis 200 Höhenmeter prognostiziert.

Generell ergibt sich durch die Verschiebung der Temperaturzonen nach oben ein Lebensraumverlust. Die Areale werden kleiner und sind stärker fragmentiert, was innerhalb der Tier- und Pflanzenpopulationen zusätzlich auch eine erhöhte Konkurrenz erwarten lässt. Zusätzlich wird sich die menschliche Nutzung auf diese kleineren alpinen Freiflächen (Almflächen) konzentrieren.

ZUKUNFTSSZENARIO

Bei einem mittleren Emissionsszenario (A1B, gemäß IPCC Klimabericht) ist eine Erwärmung des Alpenraumes um etwa 3,5 °C bis zum Ende des 21. Jahrhunderts so gut wie sicher bzw. mittlerweile sogar schon zu optimistisch geschätzt. Die durch den Klimawandel geänderten Standortsbedingungen greifen stark in den Stoffhaushalt der Pflanzen ein und ändern so die Wechselbeziehungen sowohl zwischen einzelnen Arten, als auch ganzer Lebensgemeinschaften und Ökosysteme. Die Stärke und Häufigkeit von Trockenperioden sind unter den derzeitigen Szenarien schwer vorherzusagen, tendenziell sind sie südlich des Alpenhauptkammes eher zu erwarten. Kurzfristig sind diese Änderungen als Stressphänomene einzuordnen, die die Vitalität und die Futterqualität negativ beeinflussen können.

Durch den Klimawandel verschiebt sich die Waldgrenze nach oben.
© A. Deutz

Der Klimawandel beeinflusst die Artenzusammensetzung der Pflanzen, Hitzesommer mindern die Äsungsqualität.
© A. Deutz

EIGENE UNTERSUCHUNGEN

Mit dem „Höhenprofil Johnsbach“ stand unserem Projektteam ein wissenschaftliches Referenznetz für die Untersuchung einer sich ändernden Vegetationsdynamik zur Verfügung: Im Zeitraum zwischen 1993 und 1997 wurden auf insgesamt 16 Almflächen in der Obersteiermark/Österreich vor allem der Ertrag und die Futterqualität von Almweiden erfasst. Ergänzende Untersuchungen zeigten schon damals den Einfluss der Vegetationsdynamik auf die Futterqualität. Die 16 Versuchsstandorte wurden gleichmäßig nach den Standortsfaktoren Seehöhe, Exposition und Grundgestein ausgewählt, die Standorte verteilten sich auf 1.100, 1.300, 1.500 und 1.700 Meter. Die ursprünglichen Versuchsflächen wurden 2014/15 im Rahmen des Projektes „StartClim2014.D“ wieder eingerichtet und auf Futterqualität und botanische Zusammensetzung überprüft. Zwischen dem Erntetermin und dem damit verbundenen Reifestadium sowie dem Rohfasergehalt besteht eine enge Beziehung. Die phänologische Entwicklung der Pflanzenbestände verläuft mit rund 17 m Seehöhe pro Tag und die Rohfaserzunahme beträgt 1 g Rohfaser/Tag. Unter Annahme einer Temperaturerhöhung in wärmeren Sommern um 1,7 °C und einer Linearität der beobachteten Größen würde der Almsommer im Höhenprofil Johnsbach gegenüber den 1990er Jahren im Mittel um rund drei Wochen früher beginnen. Dies bedeutet eine Zunahme des Rohfasergehaltes um 22 g/kg Futtertrockenmasse und damit eine schlechtere Verdaulichkeit des Futters bzw. der Äsung besonders für Jungtiere.

Hier können Sie den Projektbericht von StartClim2014D herunterladen

Durch eine schlechtere Ernährungssituation wird die körperliche Entwicklung gehemmt und die Krankheitsanfälligkeit alpenweit gesteigert. Zudem treten Hitzestress und neue zwischen- und innerartliche Konkurrenzverhältnisse (Rotwild – Gamswild; Steinböcke – Steingeißen mit Kitzen oder Gamsgeißen – Gamsgeißen innerhalb von Rudeln) auf.

Eine einfache Trendlinie zeigte uns, dass sich der Unterschied im Rohfasergehalt zwischen normalen und warmen Sommern

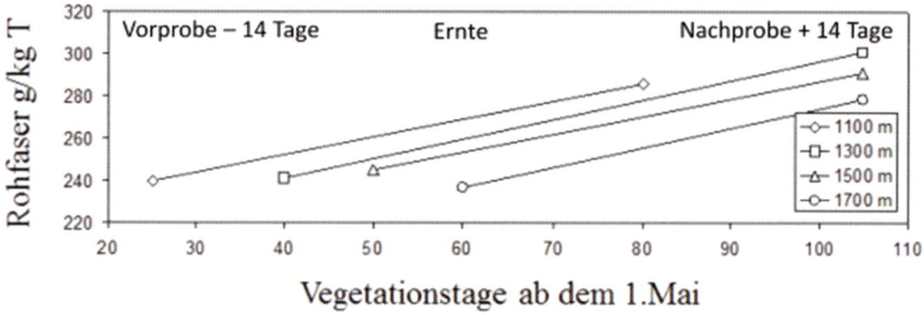

Entwicklung des Rohfasergehaltes in Abhängigkeit der Höhenstufe © A. Deutz

Eingezäunte Versuchsfläche © A. Deutz

verstärkt. Die Rohfasergehalte in den Futterproben der warmen Sommer 1994 und 2015 liegen mit +19 g Rohfaser/kg Futtertrockenmasse hoch signifikant über den Gehalten in normalen Jahren. Grobsinnlich kann diese innere Reife des Futters nur schwer erkannt werden.

KONSEQUENZEN UND EMPFEHLUNGEN

Die in diesem Projekt erkannte negative Entwicklung der Futterqualität in wärmeren Sommern wurde auch schon im Versuch für den Sommer 1994 erkannt. Fest steht: Warme Sommer führen bei Almfutter in vergleichbarer Höhenlage zu einer schnelleren Reife um zwei bis drei Wochen. Durch den Klimawandel sind warme Sommer in kürzerer Abfolge zu erwarten.

Für die Almwirtschaft steigt zunehmend die Bedeutung von Managementplänen, welche die jährliche Entwicklung der Vegetation berücksichtigen. Bei schlechtem Management wird Weidevieh oft zu lange in den Gunstlagen der Almen gehalten und andere Bereiche werden zu wenig beweidet. Wenn die Tiere Ende Juli dann doch in die Hochlagen vordringen, finden sie nur mehr minderwertiges Futter vor.

Hörner stellen optische Ranganzeiger unter den Böcken dar. © G. Greßmann

Die Höhe der einzelnen Jahresschübe am Steinbockgehörn wird wesentlich von Umweltbedingungen – so auch von Hitzeperioden und Äsungsqualität – beeinflusst. © A. Deutz

Mit zunehmender Erwärmung unseres Klimas gewinnt ein alter Regelspruch der Almwirtschaft noch mehr Bedeutung: *„Das Futter sollt den Tieren in das Maul wachsen!“* Vorausblickende Almwirte beobachten deshalb die Temperaturentwicklung und handeln nicht nach Kalenderwochen oder Lostagen.

Diese Maßnahmen würden zusätzlich dem Wild dienen, da es im Herbst bessere Äsungsflächen vorfindet. So kann als einzige Empfehlung für die Jagd eine Kooperation mit der Almwirtschaft vorgeschlagen werden, sofern nicht ohnedies beide Bereiche in einer Hand liegen.

WALD- UND BAUMGRENZE RÜCKEN NACH OBEN

Die klimatische Grenze, bis zu welcher Seehöhe Bäume im Gebirge wachsen können, heißt Baumgrenze. Im Gegensatz dazu wird die Waldgrenze unterschieden. Bis zur Waldgrenze reichen zahlreiche Bäume als geschlossener Bestand und bis zur Baumgrenze können vereinzelt freistehende Bäume vorkommen.

An sehr sonnenexponierten, felsigen Stellen reichen vereinzelt Zirben, Lärchen oder Fichten über die Baumgrenze Hinaus. Sie zeigen aufgrund des eingeschränkten Wachstums oft einen deformierten Wuchs. Die Verbindungslinie dieser Holzpflanzen wurde früher als „Krüppelgrenze" bezeichnet.

Das Baumwachstum ist sehr stark von der Temperatur abhängig. Die Wachstumsgrenze von Bäumen liegt in einer Höhenlinie, die der 10 °C Juli-Isotherme (= durchschnittliche Temperatur im Juli +10 °C) bzw. der 6,9 °C Mai-Oktober-Isotherme.

Unter Annahme des Ansteigens der Waldgrenze aufgrund einer Klimaerwärmung verringert sich der waldfreie Bereich oberhalb der Waldgrenze, was eine Reihe von Tier- und Pflanzenarten stark beeinflusst.

Der Lebensraumverlust für alpine Wildtierarten durch das Zuwachsen von Almflächen ist enorm. © A. Deutz

Zeitgleich gehen auch enorme Flächen für die Almweidehaltung von Rindern, Pferden, Schafen und Ziegen verloren.

WALDFREIE GEBIETE SCHWINDEN

Als Grundlage für die Ermittlung der Veränderungen wurde die Temperaturentwicklung der vergangenen 50 Jahre genauer betrachtet sowie das Klimamodell MM5 für eine Abschätzung der zukünftigen Erwärmung herangezogen. Die Temperaturentwicklung

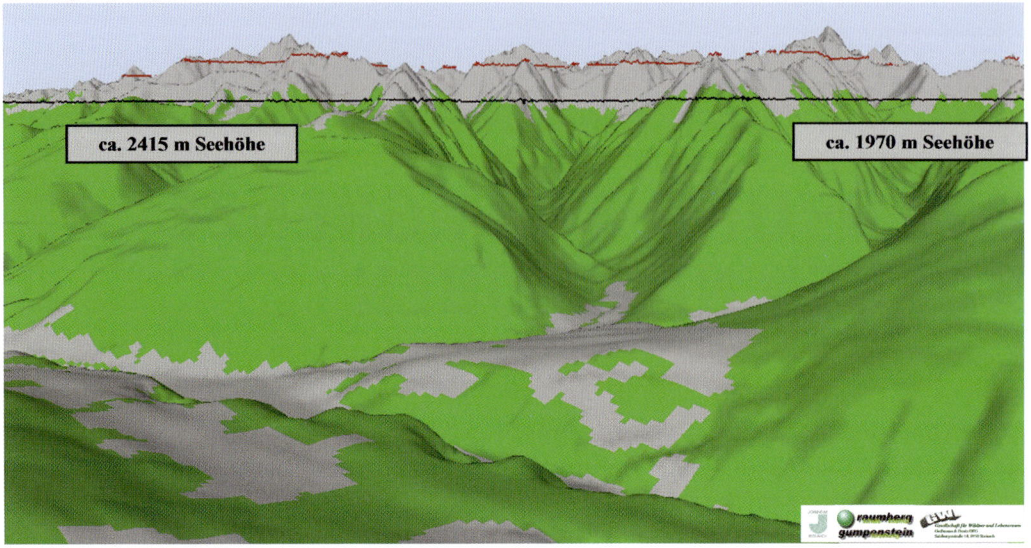

Prognostizierter Anstieg der 6,9 °C-Isotherme (Mai–Oktober) bis 2050, Niedere Tauern
Quelle: Schaumberger et al., 2006

in den vergangenen 50 Jahren zeigt in den ersten zwei Dekaden sogar eine Abkühlung, seit 1970 aber einen starken Anstieg. Das Klimamodell prognostiziert für die nächsten 50 Jahre eine Erwärmung von ca. 2,2 °C für das Untersuchungsgebiet in den Niederen Tauern und stellt mittlerweile eine eher vorsichtige, konservative Schätzung dar.

Unser Untersuchungsgebiet, die Niederen Tauern (Steiermark/Österreich), erheben sich als Teil der österreichischen Zentralalpen zwischen dem Ennstal im Norden und dem oberen Murtal im Süden. Entlang der markanten Grate und der steil abfallenden Hänge oberhalb der Baumgrenze prägen ausgedehnte Zwergstrauchheiden und alpine Rasengesellschaften sowie vereinzelt hochalpine Torfmoore die Landschaft.

Das Klimamodell MM5 zeigt für die nächsten 50 Jahre einen prognostizierten Anstieg der Isothermen um ca. 450 Höhenmeter, was in der Folge ein Ansteigen der Waldgrenze bewirken wird. Über die Geschwindigkeit, mit der sich die Waldgrenze zur temperaturbedingten Wachstumsgrenze hinbewegt („Sukzession") kann keine Aussage getroffen werden und wäre Gegenstand zukünftiger Forschungsarbeiten. Weiters übt die Bewirtschaftung durch den Menschen (Almwirtschaft, Schwenden) einen großen Einfluss auf den Verlauf der Waldgrenze aus. Daher ist noch nicht vollkommen absehbar, wie sich die Waldgrenze verändern wird.

Die aktuellen Lebensräume von Schneehuhn und Birkhuhn sowie Gams- und Steinwild wurden nach einem wissensbasierten Habitatmodell mit Hilfe eines Geografischen Informationssystems (GIS) erstellt. Unter der Annahme, dass die zukünftige Waldgrenze mit der Sukzession die Höhe der berechneten Isotherme für die Dekade 2040–2050 erreicht, führt diese Verschiebung zu einem dramatischen Lebensraumverlust für alle vier Arten.

BÄUME ZUNEHMEND UNTER DRUCK

Der Klimawandel hat massive und komplexe Auswirkungen auf den Wald. Sei es beispielsweise durch lange niederschlagsarme Hitzeperioden und Unwetter, einen geänderten Schädlingsdruck oder eine erhöhte Waldbrandgefahr. Der Aufbau stabilerer Wälder wird im Alpenraum besonders im Bereich der Schutzwälder eine vordringliche Aufgabe sein.

Der Klimawandel erhöht auch die Waldbrandgefahr. Das betrifft nicht nur den Alpenraum. Tundra- und Taigabrände treten durch das Auftauen der Permafrostböden immer nördlicher auf und sind in Ausmaß und Anzahl gestiegen.
© Dieter Schütz / pixelio.de

SCHUTZWALD IN GEFAHR

1,6 Millionen Hektar der österreichischen Waldfläche haben eine Schutzfunktion (insg. 42 Prozent): 16 Prozent schützen Siedlungsgebiete vor Elementargefahren (Objektschutzwald), 26 Prozent haben sowohl eine Objekt- und/oder Standortschutzfunktion (BML, 2023). In diesen Wäldern müssen der Boden und der Bewuchs geschützt werden, damit der Wald seiner Schutzfunktion gerecht wird. Beim Steinschlagschutz hängt die Wirkung des Schutzwaldes stark von den unterstellten Blockgrößen ab. Während die Schutzwirkung gegen kleinere Blockgrößen meist gut ist, muss gute Schutzwirkung gegen größere Blöcke von ca. 1 m³ Volumen durch spezielle Waldbaukonzepte sichergestellt werden. Schlüsselelement hierbei sind genügend starke Einzelbäume pro Hektar.

Mit dem Klimawandel steigt die Windwurfgefahr. Vor allem Flachwurzler wie die Fichte sind besonders anfällig. © A. Deutz

Die Leistungen des Schutzwaldes sind durch das Auftreten abiotischer (z. B. extreme Wettererscheinungen) und biotischer (z. B. Borkenkäferbefall) Störungen zunehmend gefährdet. Schutzwälder befinden sich zudem oft auf schlecht erreichbaren, unerschlossenen Standorten. Windwurf, Schneebruch und Borkenkäferbefall sind in den für Österreich typischen fichtenreichen und auf Holzproduktion ausgerichteten Wäldern die bedeutendsten Störungsursachen. Klimaänderungen lassen jedoch auch für bisher weniger betroffene Baumarten, wie Lärche und Kiefer, eine erhöhte Gefahr von Befall mit Rindenbrütern, wie dem Borkenkäfer, erwarten (Schopf et al., 2016).

FORSTSCHÄDLINGE NEHMEN WEITER ZU

Es gibt bereits Hinweise auf schwerere Verläufe und deutlichere Symptome bei Ausbrüchen von Krankheiten bzw. Schädlingsbefall, besonders durch Borkenkäfer. Zusätzlich werden beträchtliche Auswirkungen auf die Einschleppung und Ausbreitung exotischer Schädlinge in neue geografische Gebiete erwartet, denn in dem Maße, wie die klimatischen Bedingungen für sie günstiger werden, können neue oder wandernde Pflanzenschädlinge vordringen und sich in Gegenden ausbreiten, die zuvor als schädlingsfrei galten. Ein Beispiel hierfür ist der Kiefernfadenwurm *(Bursaphelenchus xylophilus)*, der zurzeit in Portugal größere Schäden anrichtet. Der Fadenwurm stellt eine erhebliche Bedrohung für die nördlichen Regionen der EU dar. Schätzungen zufolge ist bei einem Anstieg der Durchschnittstemperatur auf mehr als 20 °C in den Monaten Juli oder August damit zu rechnen, dass 50–90 % der befallenen Nadelgehölze absterben. Beispiele dafür gibt es aus Norditalien bei der Fichte, wo durch wärmere und trockenere Verhältnisse über mehrere Jahre der Zuckergehalt in den Na-

Regional ist der Borkenkäferbefall schon bis zur Waldgrenze angestiegen. Die Fichtenmonokultur wird auf vielen Standorten nahezu verschwinden. © A. Deutz

deln stieg und sich gleichzeitig für die Kleine Fichtengespinstblattwespe (*Cephalcia arvenis*) die Entwicklungszeit beschleunigte und die Nahrungsgrundlage verbesserte.

Besonders Borkenkäfer, von denen es in Europa mehr als 150 Arten gibt, haben schon bisher in unseren Wäldern, insbesondere in den Fichtenwäldern große Schäden angerichtet. Zur Eiablage bohren die Käfer Gänge in die Rinde (Rindenbrüter) oder manche Arten auch in das Holz (Holzbrüter). Die Larven zerstören die für den Baum bedeutenden Mikrostrukturen der saftführenden Schichten, die seine Lebensader darstellen. Bäume können sich durch z.B. Verharzung gegen einen Befall zwar wehren, doch insbesondere geschwächte Bäume werden vermehrt vom Borkenkäfer befallen. Eine Schwächung der Bäume entsteht zumeist durch Dürreschäden oder durch schwere Stürme, wenn deren Wurzeln gelockert und die Äste abgeschlagen/verletzt werden. Waldhygienische Maßnahmen sowie die Förderung von Mischwäldern und standortangepassten Baumarten sollen mithelfen, die Schäden durch den Borkenkäfer einzudämmen (siehe Seite 47). Die milden Winter der letzten Jahre und besonders warme, trockene Bedingungen im Sommer bedingen große und überwinterungsfähige Populationen der Borkenkäfer und erhöhen damit schon den Infektionsdruck für das Folgejahr (Schopf et al. 2012).

Die Modellierung der Entwicklung der verschiedenen Borkenkäferarten zeigte, dass die angenommene Temperaturzunahme einen Anstieg der mittleren Anzahl an möglichen Käfergenerationen in allen untersuchten Regionen und für alle betrachteten Borkenkäferarten bewirkt. Der Buchdrucker

In den letzten Jahren traten massive Schäden durch den Borkenkäfer auf (links der Borkenkäfer, rechts das Fraßbild). © Andrea Stradner / BOKU

wird bis Ende des Jahrhunderts in den tieferen Lagen häufig drei, in der hochmontanen/subalpinen Stufe häufig bis zu zwei Generationen anlegen können. In den Hochlagen werden Bereiche, die bislang keine Entwicklung des Buchdruckers erlaubten, weitestgehend verschwinden.

Der Große Lärchenborkenkäfer, *Ips cembrae*, der bislang nur im künstlichen Anbaugebiet der Lärche in wärmeren Tieflagen Schäden verursacht hat, könnte durch die steigenden Temperaturen und der damit verbunden rascheren Entwicklung auch in den Gebirgslagen an Bedeutung gewinnen.

Der Kleine Fichtenborkenkäfer *(Ips amitinus)* ist besser an kühle Bedingungen in den Hochlagen angepasst als der Große Fichtenborkenkäfer oder Buchdrucker *(Ips typographus)*. Aufgrund der rascheren Entwicklung des Buchdruckers unter zukünftig wärmeren Bedingungen in den Hochlagen könnte der Kleine in den Hochlagen zugunsten des Großen Fichtenborkenkäfers an Bedeutung verlieren. In Zirbenwäldern könnte Befall durch *Ips amitinus* (aber auch durch andere Kiefernborkenkäferarten) in Folge der Klimaänderung und der daraus resultierenden rascheren Entwicklung häufiger auftreten.

Der Kiefernborkenkäfer *(Ips acuminatus)* besitzt bereits unter heutigen Bedingungen ein hohes Vermehrungspotenzial (bis zu drei Generationen in den Tieflagen, doppelte Generationsentwicklung in höheren Lagen). Seine Bedeutung im Zusammenhang mit dem komplexen Kiefernsterben in den inneralpinen Trockentälern könnte künftig noch zunehmen. Häufigere Trockenperioden in den Sommermonaten in Folge der Temperaturzunahme, und der Stress, den diese für Wälder bedeuten, sowie ausgedehnte Massenvermehrungen des Pinienprozessionsspinners im Vinschgau könnten die Kiefernschutzwälder besonders gegenüber Kiefernborkenkäferbefall anfällig machen.

All dies bedeutet, dass Borkenkäferbefall insbesondere in den Hochlagen vermehrt auftreten könnte. Künftig könnten fichtenreiche Wälder in den Hochlagen eine ähnlich hohe Gefährdung gegenüber dem Buchdrucker aufweisen wie derzeit Standorte in den Tieflagen und den unteren Berglagen. Der Rückgang des Niederschlages wird sich nach den Modellergebnissen des BFW erst gegen Ende des Jahrhunderts deutlich auswirken. Das höhere Vermehrungspotenzial und die günstigeren Schwärmbedingungen in Folge der Temperaturzunahme ermöglichen jedoch schon früher einen rascheren Anstieg der Anzahl der Käfer nach akuten Dürreereignissen und nach Störungen in Folge anderer Witterungsextreme, sodass kritische Schwellenwerte, die einen Befall von stehenden, vitalen Bäumen erlauben, schneller überschritten werden können.

Die Problematik rund um den Borkenkäfer wird auch auf Wildtiere und auf die Jagdausübung große Auswirkungen haben. © J. Gasteiner

SCHUTZWÄLDER SCHÜTZEN

Geht Schutzwald durch Sturm oder Borkenkäfer verloren, muss durch Naturverjüngung, Aufforstung oder Lawinenverbauungen für Ersatz der Schutzwirkung gesorgt werden. Was der Verlust der Schutzwirkung des Waldes wirtschaftlich bedeutet, verdeutlicht eine Kalkulation des Bundesforschungszentrums für Wald (BFW): Die Kosten für die Pflege eines existierenden Schutzwaldes während 100 Jahren betragen weniger als 200.000 Euro/ha.

Auch Wildschäden, Beweidung und unsachgemäße Bewirtschaftung können eine Sanierung notwendig machen. Die

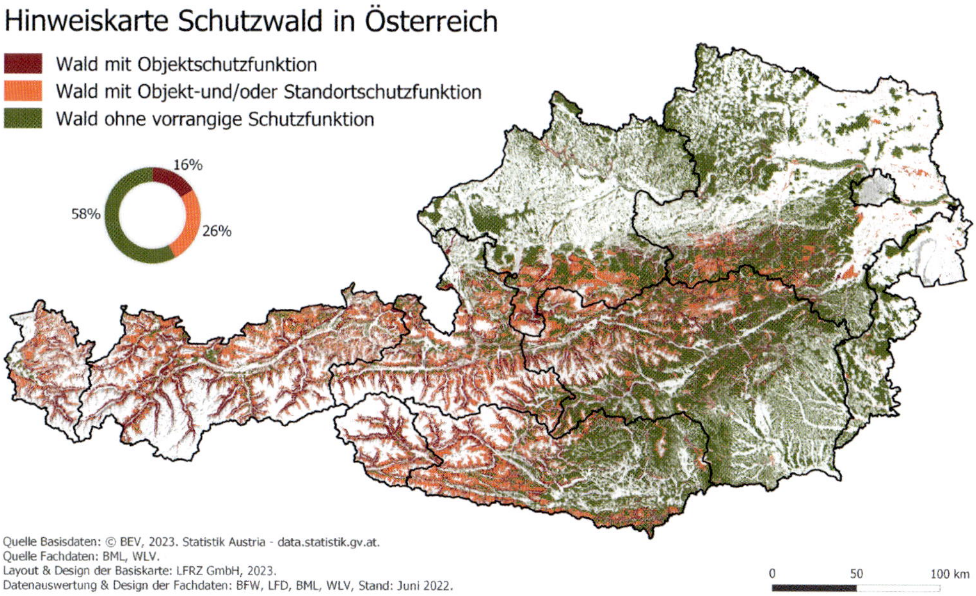

In weiten Bereichen des österreichischen Alpenraumes herrschen Schutzwälder vor.

Kosten für Lawinen- und Gleitschneeverbauung und Aufforstung können bis zu 600.000 Euro/ha betragen. Die Errichtung und Pflege von Lawinenverbauungen, die einen Schutzwald ersetzen, kosten etwa zwei Mio. Euro/ha (auf 100 Jahre gerechnet). Die Kosten der Schutzwaldpflege stehen zu ersatzweisen, technischen Schutzmaßnahmen im Verhältnis 1:10. Selbst das „reiche" Österreich könnte sich eine Kompensation aller Schutzwälder durch technische Verbauung unmöglich leisten.

Unter dem Menüpunkt „Schutzwald/Karten" gibt es ein Kartenfenster zur Hinweiskarte Schutzwald und zusätzlich werden auf dieser Seite Fachartikel zu weiteren Karten (Bannwald, Windschutzanlagen, etc.) publiziert.

Ein hoher Anteil des österreichischen Schutzwaldes wird von Fichten dominiert. Diese Baumart reagiert besonders empfindlich auf den Klimawandel. Insgesamt wird erwartet, dass in fichtenreichen Wäldern unter Klimawandelbedingungen Störungen eine dauerhafte Schutzfunktion nicht mehr gegeben sein wird.

Ziel jeder Bewirtschaftung muss deshalb eine Erhöhung der Baumartendiversität und eine kleinflächige Mosaikstruktur unterschiedlicher Bestandsentwicklungsphasen sein, um die Widerstandskraft dieser Wälder gegenüber Störungseinflüssen zu erhöhen. Die Simulationsergebnisse stellen deutlich die Vorteile einer kleinflächigen Schutzwaldbewirtschaftung gegenüber einer traditionellen schlagweisen Bewirtschaftung dar. Nur diese auf kleinflächigen Hiebsformen basierenden Bewirtschaftungskonzepte können eine durchgehende Schutzwirkung durch strukturreiche Waldbestände sicherstellen. In gut nährstoffverorgten Beständen ab der hochmontanen Stufe ist auch eine höhere Bewirtschaftungsintensität denkbar, um am Ende des Jahrhunderts stabile Bestandesstrukturen mit ausreichender Verjüngung zu erreichen. Die Tanne stellt an vielen Standorten in diesen Wäldern eine Zielbaumart in Hinblick auf die zukünftige Bestandsstabilität dar. Diese weist oftmals ein hohes Naturverjüngungspotenzial auf, hat jedoch ungeschützt unter hohem Verbissdruck durch Wild praktisch kaum eine Chance auf eine erfolgreiche Etablierung.

Der Tannenanteil der Wälder nimmt unter den Schutzwaldkonzepten durch Verbiss stärker ab als im schlagweisen Konzept, weil die zwar ständige, aber mit relativ niedriger Intensität ablaufende Verjüngung eine höhere Empfindlichkeit der Tanne bedingt. Auf geeigneten Standorten wird daher anstatt der Tanne tendenziell die Buche, die eine geringere Verbissanfälligkeit aufweist, stärker begünstigt. Höhere Temperaturen wirken auf das Wachstum der Bestände meist positiv, auf Standorten mit geringer Wasserspeicherkapazität können sie auch negativ sein.

Auf nährstoffärmeren Standortstypen ist eine eher schwächere Eingriffsstärke zu bevorzugen, da keine ausgeprägte Wuchsreaktion auf den Temperaturanstieg zu erwarten ist. Hier ist insbesondere auf eine Reduktion des Verbissdrucks zu achten und im Bedarfsfall sind Schutzmaßnahmen oder Kunstverjüngung mit trockenheitstoleranten Baumarten durchzuführen. Ein gänzliches Verzichten auf Bewirtschaftungseingriffe kann zwar kurz- und mittelfristig zu höherer Schutzfunktion führen, birgt aber ein höheres Borkenkäferrisiko in sich und verzögert eine Anpassung der Baumartenzusammensetzung an die Klimaänderung. Mittel- bis langfristig verursacht dauerhaft hoher Verbissdruck einen Rückgang der Baumartenvielfalt und der Verjüngung. Dies wirkt sich langfristig negativ auf die Schutzfunktion und die Stabilität gegenüber Störungen aus (Irauschek et al., 2016).

Ein waldbauliches Ziel sind weniger schadanfällige Wälder. © A. Deutz

Kennzeichen klimafitter Wälder

- Diversifizierung der Baumarten: Eine größere Vielfalt an Baumarten kann dazu beitragen, dass der Wald widerstandsfähiger gegenüber Krankheiten, Schädlingen und extremen Wetterbedingungen wird. Zudem schaffen verschiedene Arten stabilere Waldstrukturen und können unterschiedliche klimatische Bedingungen besser ausgleichen.
- Natürliche Regeneration und Anpassung: Durch die Förderung der natürlichen Regeneration des Waldes und die Unterstützung von Baumarten, die an die veränderten klimatischen Bedingungen besser angepasst sind, kann die Widerstandsfähigkeit erhöht werden.
- Waldpflege und -management: Zu einem gezielten Waldmanagement gehören Maßnahmen wie selektive Holzernte, Entfernung von nicht heimischen invasiven Arten, aber auch die Schaffung von Pufferzonen zum Schutz des Waldes vor äußeren Einflüssen.
- Altersdurchmischung: Wälder sind wichtige Kohlenstoffsenken. Durch verschiedene Altersklassen kann ein Wald über längere Zeiträume Kohlenstoff speichern. Ältere Bäume haben oft eine höhere Kohlenstoffspeicherung, während junge Bäume schneller wachsen und mehr CO_2 aufnehmen können.
- Wassermanagement: Die Erhaltung von Feuchtgebieten, die Schaffung von Wasserreservoirs und die Vermeidung von Bodenerosion verbessert die Wasserspeicherung und -verteilung im Wald.

Mit der Baumartenampel des Bundesforschungszentrums für Wald (BFW) finden Sie Empfehlungen, welche Arten sich bis zum Jahr 2100 in Ihrem Gebiet eignen.

PILZE LEIDEN UNTER TROCKENHEIT

In den letzten 50 Jahren ändert sich Häufigkeit von Flechten und Pilzen sowie von ganzen Gemeinschaften.

Bei Pilzen sind auch deutliche Veränderungen im Jahreszyklus (Phänologie) zu erkennen. Ursachen dafür sind nicht nur steigende Temperaturen und Trockenperioden, sondern beispielsweise auch wärmebedingte Änderungen in der Umsetzungsrate organischen Materials im Boden oder steigende Gehalte an bodennahem CO_2. Wärmeliebende Pilze aus der Mittelmeerregion, wie der Ölbaumtrichterling (*Omphalotus olearius*) wachsen bereits in Mitteleuropa – hier nicht unter Olivenbäumen, sondern unter heimischen Laubbäumen. Das Thema Neobiota betrifft nun mehr auch Pilze aus wärmeren Regionen, die sich nach einer Einschleppung (Zierpflanzen, Holz, Blumenerde etc.) bei uns aufgrund der immer milder werdenden Temperaturen ansiedeln können.

Der ursprünglich in Australien, Neuseeland und Malaysia heimische Tintenfischpilz (*Clathrus archeri*) wurde vor über 100 Jahren in Mitteleuropa eingeschleppt. Der starke Aasgeruch des Pilzes lockt Fliegen und Käfer an, die die Pilzsporen verbreiten. Vermutlich können Pilzsporen auch durch Vögel, die diese Insekten fressen, über weitere Distanzen verschleppt werden. In Mitteleuropa war dieser Pilz noch vor 20 Jahren sehr selten und breitete sich nun vermutlich klimawandelbedingt recht rasch aus, da er warmfeuchte Lebensräume bevorzugt.

Tintenfischpilz, gefunden im Lungau/Salzburg auf einer Seehöhe von ungefähr 1.300 m.
© A. Deutz

Pilzesammler finden nach Trockenperioden weniger Fruchtkörper („Schwammerl“) in den Wäldern, es ändert sich aber auch die Artenzusammensetzung und das jahreszeitliche Vorkommen. © A. Deutz

KLIMAWANDEL UND LANDWIRTSCHAFT

Es ist zu erwarten und wird auch schon beobachtet, dass die globale Erwärmung sowohl den landwirtschaftlichen Pflanzenbau als auch die „natürliche Vegetation“ wie Wiesen und Wälder beeinflusst, da Witterung und Klima Hauptfaktoren für die geografische Verbreitung und Entwicklung von Pflanzen sind. In höheren Breiten sind Land- und Forstwirtschaft derzeit noch einer geringeren Belastung durch Pflanzenschädlinge und von diesen übertragenen Krankheiten ausgesetzt. Zukünftig werden sich durch den Klimawandel – wie Krankheitserreger von Menschen und Tieren – auch Pflanzenschädlinge weiter ausbreiten.

DIE BEDEUTUNG DES BODENS

Dem Boden kommt im Zusammenhang mit dem Klima und dem Klimawandel eine fundamentale Bedeutung zu. Zum einen beeinflusst der Boden signifikant das Klima, weil er neben den ozeanischen und fossilen Speichern eine enorme Senke für Kohlenstoff ist und zum anderen werden die Umsetzungsprozesse im Boden und damit auch sein Kohlenstoff-Speichervermögen von der Temperatur, dem Wasser- und dem Lufthaushalt des Bodens konkret beeinflusst. Somit hat wiederum auch der Klimawandel einen direkten Einfluss auf den Boden und seine Funktionen. Kohlenstoff wird über die Photosynthese der Pflanzen in Form von CO_2 aufgenommen. Abgestorbene Pflanzen und Pflanzenreste kommen sowohl in der Natur als auch im Rahmen der von uns betriebenen Land- und Forstwirtschaft als organische Substanz wieder in den Boden zurück. Ziel ist es, dass der Boden mehr Kohlenstoff bindet bzw. auch über die Pflanzen mehr CO_2 aufgenommen wird als in Summe vom Boden an CO_2 wieder abgegeben wird.

Die beiden wichtigen Prozesse im Boden, welche konträr zueinander ablaufen, sind dabei die Mineralisation und die Humifizierung. Im Rahmen der Mineralisation werden die organisch gebundenen Substanzen in die anorganischen Endprodukte (CO_2, H_2O, NH_4, NO_3, P, S, Ca, Mg, etc.) zerlegt. Beim Prozess der Mineralisation wird das CO_2 also wieder frei und gelangt in die Atmosphäre. Bei der Humifizierung werden aus den Pflanzen, also den organischen Substanzen und ihren Abbauprodukten, im Boden sog. Huminstoffe aufgebaut, wodurch der Kohlenstoff im Boden gebunden wird. Je stabiler die Huminstoffe sind umso länger bleibt Kohlenstoff als organische Bodensubstanz („Humus") gebunden. Es ist für das Klima von fundamentaler Bedeutung, dass ein Gleichgewicht zwischen der CO_2-Abgabe aus dem Boden und der CO_2-Aufnahme über die Pflanzen bzw. der Kohlenstoff-Speicherung im Boden besteht oder dass der Boden sogar mehr Kohlenstoff aufnimmt als er abgibt. Bei den komplexen Vorgängen der Mineralisation und der Humifizierung haben die Boden-Mikrolebewesen eine zentrale Bedeutung: ohne sie würden diese Prozesse nicht ablaufen. Allgemein kann gesagt werden, dass das Bodenleben, von Bakterien bis hin zum Regenwurm, in eher feuchten und dennoch gut mit Sauerstoff versorgten Böden vielfältiger ist und hier auch der Aufbau des Humus stabiler abläuft als in trockenen Böden. Höhere Temperaturen verstärken den Prozess der Mineralisation und sie führen daher zu einer Abnahme der organischen Substanz im Boden und folglich auch zu einer Abnahme des im Boden gespeicherten Kohlenstoffs bzw. zu einer erhöhten Treibhausgasemission. Neben einer herabgesetzten Bodenfruchtbarkeit finden sich in diesen Böden dann auch noch eine geringere Wasserhaltefähigkeit und eine erhöhte Erosionsanfälligkeit.

Laut dem Austrian Panel on Climate Change (2014) ergeben sich für die Böden folgende Veränderungen und Effekte aus dem Klimawandel:

- Die deutlichsten Effekte sind auf das Bodenleben und den dadurch negativ beeinflussten Humushaushalt zu erwarten Naturnahe und naturbelassene Böden können ihre Funktionen und Leistungen unter veränderten klimatischen Bedingungen besser erfüllen als stark vom Menschen beeinflusste Böden

Ackerböden sind von der Zunahme klimatischer Extreme sehr viel deutlicher betroffen als Grünlandböden.
© A. Deutz

- Temperaturextreme und Trockenphasen haben einen größeren negativen Einfluss auf den Boden als langsame, allmähliche Veränderungen
- Das Erosionsrisiko wird durch den Klimawandel ganz allgemein erhöht
- Ackerböden sind von der Zunahme klimatischer Extreme sehr viel deutlicher betroffen als Grünlandböden
- Von Waldböden werden unter steigenden Temperaturen vermehrt CO_2-Emissionen ausgestoßen
- Die Funktionen des Bodens und seine Anpassungsfähigkeit an Klimaveränderungen werden durch die Einflüsse des Menschen (Bodenversiegelung, Erosion, Verdichtung und Humusabbau) zusehends eingeschränkt

Durch Strategien wie angepasste Fruchtfolge, Kompostwirtschaft und Gründüngung hat auch die moderne Landwirtschaft erkannt, dass auf den Erhalt und Schutz des Humus ein besonderes Augenmerk zu legen ist, nicht nur dem Klimaschutz zuliebe.

Missernten – wie hier nach einem Hitzesommer mit Hagelunwetter – werden sich häufen und in Südeuropa wird großflächig eine Landwirtschaft in bisheriger Art nicht mehr möglich sein.

TROCKENJAHRE 2003 UND 2013

Das Trockenjahr 2003 wies deutlich auf die Verwundbarkeit der landwirtschaftlichen Pflanzenproduktion durch ungünstige Witterungsbedingungen hin. Das Projekt StartClim2004.C vergleicht verschiedene Methoden zur Bestimmung von Trockenheit und deren Ertragsauswirkungen auf zwei verschiedenen räumlichen Skalen (Bezirks- und Feldebene). Auf Bezirksebene wurde die Abhängigkeit des Ertrages von Gerste, Weizen, Mais und Wiesen von Niederschlagssummen und Temperaturen auf Basis der Ertragsdaten aller Bezirke Österreichs 1997–2003 untersucht. Die räumliche Darstellung der Ertragsreduktionen 2003 wies auf eine deutliche Variabilität der Produktivitätseinbußen hin. Günstige Niederschlagsverteilungen und geringe Maximaltemperaturen konnten geringe Niederschlagssummen mancherorts kompensieren. Die statistischen Auswertungen zeigten die Existenz kulturartspezifischer Zeitfenster besonderer Empfindlichkeit auf, in denen sich lange Trockenheit und hohe Temperaturen negativer auswirkten, als in anderen Zeiträumen. Außer Mais waren die untersuchten Pflanzenarten im Allgemeinen gegen hohe Maximaltempe-

Sowohl Trockenschäden als auch Überschwemmungen werden zukünftig noch zunehmen. © A. Deutz

raturen noch empfindlicher als gegen Niederschlagsmangel. Diese Sensitivität war vor allem in Ostösterreich stark ausgeprägt. Die Ertragseinbußen durch hohe Temperaturen haben demnach im Laufe der letzten 130 Jahre allmählich zugenommen und waren in den letzten 15 Jahren deutlicher geworden, während die Ertragseinbußen durch Niederschlagsmangel in etwa gleichgeblieben sind. Es ist aber zu bedenken, dass Wassermangel und hohe Temperaturen oft in Kombination auftreten. Trockenstressbedingungen werden stark durch die Bodeneigenschaften beeinflusst und mitbestimmt (Soja et al., 2004).

TEMPERATUR UND NIEDERSCHLAG

Je nach geografischer Region können Variationen der Temperaturschwankungsbreite und Veränderungen der Niederschlagsmuster zu längeren und/oder häufigeren Dürreperioden oder Überschwemmungen führen. Die einheimischen Pflanzen werden größeren Umweltbelastungen ausgesetzt und werden anfälliger für Schädlinge und Krankheiten. Grundsätzlich wird erwartet, dass zum einen das Auftreten von Pilzen und bakteriellen Krankheitserregern in Gebieten mit verstärkten Niederschlägen zahlenmäßig ansteigt, und dass zum anderen die Krankheitsaus-brüche schwerer werden. Indessen können wärmere Sommer auch die Ausbreitung bestimmter Wärme liebender Pilze begünstigen.

Höhere Winter- und Frühlingstemperaturen werden die Vegetationsperiode verlängern, indem sie die Anbauzyklen der Wirtspflanzen verändern und deren Widerstandsfähigkeit verringern. Die Anzahl der Insektengenerationen pro Vegetationsperiode wird sich erhöhen. Sowohl die Insektenpopulation als auch die Menge an Schadpilzen, die den Winter überleben, werden ansteigen, was für mehr Infektionsdruck in der folgenden Anbausaison sorgt. Weitere Daten zeigen, dass sich bestimmte Insektenarten in warmen Sommern weiter nach Norden ausgebreitet haben. Es wird selbst in nördlichen Breiten immer schwieriger werden, virusfreie Vorräte an Pflanzgut, wie beispielsweise Pflanzkartoffeln, zu er-

Auch Bewässerungsmaßnahmen haben ihre Grenzen, sowohl von den Grundwasserreserven als auch wirtschaftlich gesehen. © A. Deutz

zeugen, weil warme Winter das Überleben von Blattlausarten ermöglichen und die Ausbreitung viraler Krankheiten im Sommer begünstigen. Darüber hinaus werden höhere Temperaturen im Winter und längere Phasen der Bodennässe günstige Voraussetzungen für die Entwicklung von Wurzelfäule und Hartfäule schaffen.

MYKOTOXINE IM GRÜNLAND „RYEGRASS STAGGERS"

Als „Ryegrass Staggers" bezeichnet man Tiere, die nach der Aufnahme des Mykotoxins Lolitrem B an akuten nervalen Symptomen leiden. Beschrieben wird die Erkrankung bisher überwiegend in Neuseeland und Australien. Die Erkrankung wurde bisher bei Rindern, Schafen, Ziegen und Wildwiederkäuern, insbesondere bei Rotwild beschrieben. Es besteht ein enger Zusammenhang zwischen dem Auftreten der Erkrankung und intensiver Weidenutzung. Nachdem hier zum Zwecke der intensiven Weidenutzung spezielle „Hochleistungsgräser" vom Typ Raygras eingesetzt werden, besteht unter entsprechend feuchten Witterungsbedingungen die Gefahr, dass sich in diesen „Monokulturen" Rostpilze ausbereiten, die das Toxin Lolitrem B produzieren. Die höchsten Toxingehalte finden sich in den Gräsersamen sowie in bodennahen Teilen der Pflanzen. Nach Aufnahme dieses Mykotoxins kommt es bei den bestreffenden Tieren zu Beginn der Erkrankung zu unkontrollierten Muskelzuckungen im Bereich des Kopfes und des Halses. Bei schweren Verlaufsformen kommt es in der Folge zu unkontrollierbaren Krämpfen der gesamten Muskulatur, zu steifen Gliedmaßen und zu Todesfällen. Neben einem verbesserten Weidemanagement und dem Einsatz von Gräsermischungen wird die eine Zufütterung zur Weide empfohlen.

„ENGERLINGPROBLEM“

Engerlinge des Maikäfers, des Junikäfers und teilweise auch des Gartenlaubkäfers verursachten in den letzten Jahren in vielen Regionen Österreichs erhebliche Schäden am Grünland. Das Erkennen der Art der Engerlinge einerseits und die Kenntnis über deren Entwicklungszyklen andererseits sind wichtige Instrumente für wirkungsvolle Bekämpfungsstrategien. Beobachtungen starker Flugjahre erfordern in den betroffenen Regionen nachfolgende Bestandeskontrollen.

Liegt der Engerlingbesatz pro Quadratmeter über den kritischen Werten (=Schadschwelle), dann sollte rasch gehandelt werden. In der Praxis haben sich mechanische Bekämpfungsmaßnahmen als effektiv erwiesen, da Engerlinge sensibel auf Druck- und Quetschwirkung reagieren. Lassen der Standort und die Hangneigung dies nicht zu, so können insektenpathogene Pilzarten zum Einsatz kommen. Die Kombination beider Maßnahmen kann den Erfolg der Bekämpfung weiter steigern. Das gehäufte Auftreten von Engerlingen hängt auch mit der Art und Weise der Bewirtschaftung eng zusammen. Faktoren wie Klimawandel oder das Auftreten von Gradationszyklen beim Maikäfer sind nicht unmittelbar beeinflussbar. Die einzig nachhaltig wirkungsvolle Vorsorgemaßnahme ist es, die Vitalität und Widerstandskraft unseres Grünlands durch eine an den Standort angepasste Bewirtschaftung und Nutzung zu stärken.

Landwirtschaftliche Kulturen sind sensibel gegenüber dem Klimawandel und Extremwetterereignissen. © Karin Ch. Taferner

PFLANZENSCHÄDLINGE

Neben dem Handel, der als Hauptweg für die Einschleppung von Schadorganismen und invasiver Arten gilt, spielt die globale Erwärmung eine wesentliche Rolle für die Pflanzengesundheit. Der Klimawandel wird sich also nachteilig auf Landwirtschaft und Pflanzenbau auswirken, indem er landwirtschaftlichen Produktionsfaktoren zusätzliche Kosten auferlegt, beispielsweise für Pflanzenschutz oder auch durch Minderung der Ernteerträge.

Klimabedingt veränderte Lebensräume ermöglichen auch einwandernden Schädlingen das Überleben in Österreich. Als besonders problematisch erweisen sich Drahtwürmer. Die Larven der Schnellkäfer können durch ihr Fressverhalten beträchtliche Schäden im Ackerbau verursachen. Aufgrund steigender Durchschnittstemperaturen sind sowohl ein höherer Schaddruck Wärme liebender einheimischer Drahtwurmarten als auch das Einwandern neuer Arten aus Südeuropa zu erwarten. Um auf steigenden Schaddruck reagieren zu können, benötigen die Landwirte praxistaugliche Instrumente zur Risikoprognose im Feld.

Der Aufenthaltsort der Larven in der Bodensäule wird durch Bodentemperatur und -feuchte maßgeblich beeinflusst. Bei geeigneten Bedingungen halten sie sich eher oberflächennah auf und gefährden die unterirdischen Pflanzenorgane. Ist es im oberen Bodenbereich zu heiß und trocken oder zu kühl und feucht, verkriechen sie sich in größere Tiefen. Ein in Deutschland entwickeltes Drahtwurm-Prognosemodell (SIMAGRIO-W) berechnet, basierend auf diesem Zusammenhang, den prozentuellen Anteil einer Drahtwurmpopulation in der obersten Bodenschicht (= Schadzone) und damit das Schadensrisiko. Wird eine hohe Drahtwurmaktivität in der Schadzone erwartet, so könnten beispielsweise der Anbau von Mais verschoben oder die Ernte von Kartoffeln vorgezogen werden. Auch für erfolgreiche Bekämpfungsmaßnahmen, wie intensiver Bodenbearbeitung, ist es wichtig, dass sich ein hoher Anteil der Drahtwurmpopulation oberflächennah aufhält.

Spätfröste und Schneefälle im April und Mai beeinträchtigen den Obst- und Gemüsebau. Schäden treten nach klimawandelbedingtem früherem Austreiben und Blühen der Pflanzen häufiger auf.
© A. Deutz

CLIMGRASS – KLIMAFOLGEN-FORSCHUNG IM GRÜNLAND

Die vom Weltklimarat (IPCC) und auch im österreichischen Sachstandsbericht „Klimawandel 2014" prognostizierte Erhöhung der Temperatur und der CO_2-Konzentration der Atmosphäre sowie das verstärkte Auftreten von Wetterextremen werden in den nächsten Jahrzehnten massive Auswirkungen auf die Gesellschaft und unsere gesamte Umwelt haben. Viele der wetter- und klimabestimmenden Kenngrößen sind zugleich wichtige Wachstumsfaktoren für Pflanzen, wodurch auch das Grünland in den Alpenregionen und dessen Bewirtschaftung besonders vom Klimawandel betroffen sein werden.

Die Klima- und Klimafolgenforschung beschäftigt sich seit vielen Jahren intensiv mit den Ursachen, insbesondere aber mit den Auswirkungen des Klimawandels auf unterschiedlichste Lebens- und Wirtschaftsbereiche. Die Forschung stützt sich dabei sowohl auf die Modellierung als auch auf experimentelle Ansätze, wobei letztere durch die sehr komplexe Materie sehr kosten- und zeitintensiv sind. Klimaexperimente werden entweder unter Laborbedingungen oder im Freiland durchgeführt, wobei meist nur einzelne Wetter-/Klimafaktoren wie z. B. Temperatur oder Niederschlag bewusst gesteuert und verändert werden.

Freilandexperimente zur Klimafolgenforschung stellen eine ganz besondere Herausforderung dar, insbesondere wenn mehrere Faktoren zugleich verändert werden.

Die ClimGrass-Anlage an der HBLFA Raumberg-Gumpenstein ist ein weltweit einzigartiges Freilandexperiment zur Klimafolgenforschung im Grünland. © HBLFA Raumberg-Gumpenstein

ENTWICKLUNG UND AUFBAU DER CLIMGRASS-ANLAGE

In den vergangenen Jahren wurde an der HBLFA Raumberg-Gumpenstein unter Mitwirkung zahlreicher in- und ausländischer Experten ein weltweit einzigartiges, multifaktorielles Freiland-Experiment entwickelt und realisiert. Auf insgesamt 54 Versuchsparzellen können die in den nächsten Jahrzehnten erwartete Erwärmung und Zunahme der CO_2-Konzentration in der Atmosphäre in unterschiedlichen Abstufungen und Kombinationen simuliert werden.

Die Lufttemperatur wird in drei Abstufungen variiert: ambient (entspricht dem jeweiligen aktuellen Zustand), + 1,5 °C und + 3 °C Erhöhung gegenüber ambient.

Die CO_2-Konzentration der Atmosphäre wird ebenfalls in drei Abstufungen geprüft und zwar ambient, + 150 ppm, + 300 ppm (ppm bedeutet parts per million, also ein Millionstel).

Die Beheizung der Versuchsparzellen erfolgt mit jeweils sechs Infrarotstrahlern, über einen zentralen Begasungsring strömt die mit Kohlenstoffdioxid (CO_2) angereicherte Umgebungsluft in den Pflanzenbestand. Das zugeführte CO_2 weist eine gegenüber dem atmosphärischen CO_2 unterscheidbare Isotopensignatur auf und stammt aus einer speziellen Quelle. Da jede Parzelle individuell beheizt und begast wird, erfordert dies einen enormen Steuerungs- und Regelungsaufwand mit einer entsprechend aufwändigen Programmierung im Hintergrund.

Funktionale, technische Elemente der ClimGrass-Anlage: Monolithlysimeter (A), Infrarotstrahler (B), Begasungsring (C), Regendach (D).

Für eine möglichst ganzheitliche Betrachtung des Ökosystems Grünland werden über eine Lysimeter- bzw. Bodengasmessanlage laufend Daten gesammelt, die den Einfluss von Klimaelementen auf den Wasserhaushalt und den Gasaustausch in unterschiedlichen Bodenstufen festhalten. Dazu sind sechs Versuchsparzellen mit wägbaren Monolithlysimetern ausgestattet, die umfassende Informationen zum Bodenwasserhaushalt liefern. Diese Lysimeter (Foto A) sind mit 1,5 m tiefem Versuchsboden gefüllte Stahlbehälter und weisen eine Oberfläche von 1 m² auf. Weitere sechs Parzellen dienen der Erfassung des Gasaustausches in unterschiedlichen Bodentiefen. Drei mit Sensoren gesteuerte Regendächer (Foto D, Seite 57) ermöglichen es, für jeweils vier Versuchsparzellen niederschlagsfreie Phasen und damit Dürreperioden zu simulieren.

Sämtliche Versuchsparzellen werden als Dauerwiese mit drei Schnitten pro Jahr und gleicher Düngung bewirtschaftet. Innerhalb des Begasungsringes befinden sich definierte Bereiche für verschiedene Datenerhebungen wie Versuchsernten, Bodenprobennahmen oder Respirationsmessungen. Acht Parzellen sind mit jeweils zwölf Mesokosmen ausgestattet, die eine zusätzliche Abstufung für unterschiedliche Untersuchungen erlauben. Auf vier dieser Mesokosmenparzellen wurden Smart-Field-Lysimeter zur detaillierten Beobachtung des Bodenwasserhaushalts während des Verlaufs von Dürreexperimenten installiert.

ERHEBUNGEN UND ANALYSEN

Die Einzelparzellengröße von je 16 m² erfordert eine genau festgelegte räumliche Unterteilung und Vorgangsweise. Neben den klassischen Untersuchungsmethoden werden daher auch zerstörungsfreie Mess- und Erhebungstechniken wie Ultraschallsensorik und Feldspektrometer zur dynamischen Ertrags- und Qualitätsbestimmung der Biomasse eingesetzt. Weitere Schwerpunkte des ClimGrass-Projektes betreffen

Messeinrichtungen und Erhebungsarbeiten an der ClimGrass-Anlage: Respirationskammer, nicht-invasive Biomassemessungen, Pflanzenbonituren.

die Bodennährstoffdynamik sowie Veränderungen im Wasser-, Kohlenstoff- und Stickstoffkreislauf. Wurzeluntersuchungen sowie Gasmessungen im Boden, im Pflanzenbestand und in der Atmosphäre ergänzen das Untersuchungsprogramm.

Seit 2022 werden auf den Mesokosmenparzellen unterhalb der Regendächer während der Dürresimulationen pflanzenphysiologische Effekte bei einer abgestuften Grünlandbewässerung getestet.

KOOPERATIONSPARTNER UND PROJEKTE

Seit 2010 besteht im Zusammenhang mit der ClimGrass-Anlage der HBLFA Raumberg-Gumpenstein eine intensive Kooperation mit mit den Universitäten Innsbruck, Wien und Graz sowie mit der Universität für Bodenkultur. Im Rahmen mehrerer Forschungsprojekte wurden die Auswirkungen des Klimawandels auf die Produktivität, die Kohlenstoffdynamik und die Klimaregulation im Grünland untersucht. Diese Projekte setzen unterschiedliche Schwerpunkte und befassen sich mit Klimaeffekten, die Auswirkungen auf bestimmte Teilbereiche des Ökosystems Grünland haben.

Beispiele für zukunftsweisende Forschungsprojekte auf der ClimGrass-Anlage sind das von der Universität Innsbruck geleitete FWF-Projekt „ClimGrass: Grassland carbon dynamics in a changing climate“ sowie das von der Universität für Bodenkultur geführte ACRP-Projekt „Interactive effects of warming, elevated CO_2 and weather extremes on nitrogen fluxes in a managed grassland“, sowie ein ÖAW-Projekt zum Thema „Ecohydrology of mountain grassland under multiple global change: mechanisms and consequences“.

ERGEBNISSE UND AUSBLICK

Die ClimGrass-Anlage ist nach einer langen Entwicklungs- und Aufbauphase nun im Vollbetrieb. Erste Ergebnisse zeigten bereits früh einen klaren Einfluss des Temperaturanstiegs auf die phänologische Entwicklung der behandelten Pflanzenbestände – diese kommen insbesondere beim ersten Aufwuchs deutlich rascher zur Reife, was sich bei gleichbleibendem Nutzungszeitpunkt in einer schlechteren Futterqualität niederschlägt. Die Temperaturerhöhung führt vor allem in der obersten, im Grünland gut durchwurzelten Schicht von 0–10 cm zu geringeren Bodenfeuchtegehalten, was wiederum bei längeren niederschlagsfreien Phasen einen erhöhten Stress für die Grünlandpflanzen bedeutet.

Ab dem Jahr 2017 wurden in jedem Jahr für den Zeitraum des zweiten Aufwuchses aufwändige Dürreexperimente durchgeführt, bei denen insgesamt zwölf Versuchsparzellen einem mehrwöchigen Trockenstress ausgesetzt und die Auswirkungen auf das Ökosystem untersucht wurden. Mit diesen Ergebnissen können gut abgesicherte Aussagen hinsichtlich der Auswirkungen des Klimawandels im Grünland und der daraus abzuleitenden Strategien getroffen werden.

Die Ergebnisse belegen eine Verlängerung der Vegetationsperiode, aber auch eine verstärkte Evapotranspiration durch eine Erhöhung der durchschnittlichen Temperatur. Das bedeutet, dass einerseits mehr Wasser aus dem Boden verdunstet, aber auch durch die Pflanzen mehr Wasser abgegeben wird. Steigende Durchschnittstemperaturen können also in gut wasserversorgten Gegenden sogar einen positiven Einfluss auf die Grünlanderträge haben, wohingegen in Gegenden mit angespanntem Wasserhaushalt mit Ertragseinbußen zu rechnen ist.

Je mehr sich die klimatischen Bedingungen verändern, umso mehr muss sich auch die Art der Grünlandbewirtschaftung anpassen. Denn der Klimawandel beeinflusst die Verfügbarkeit von Wasser, das Wachstum von Pflanzen und das Bodenleben. Daraus lassen sich klimaresiliente Managementstrategien ableiten:

Sortenwahl und Nutzungsintensität: Verstärkter Einsatz von Pflanzensorten, die an die veränderten klimatischen Bedingungen angepasst sind (Dürretoleranz, verbesserte Wassernutzungseffizienz und angepasste Erntezeitpunkte). Hinterfragen von Schnitthäufigkeit und Düngung.

13C-Markierung zur Verfolgung der Kohlenstoffdynamik und -verlagerung in Pflanzen und Boden. Die 13C-Markierung erfordert einen hohen technischen Aufwand. Die Markierung erfolgt mittels zylindrischer Kammern. Die Markierungspulse werden exakt protokolliert.

Bewässerungseffizienz: Es ist zu erwarten, dass die Anzahl an bewässerten Flächen auch im Grünland zunimmt. Bodennahe Bewässerungssysteme können helfen, Wasser zu sparen und die Bodenfeuchtigkeit zu erhalten.

Bodenmanagement: Bodenverdichtung und Erosion gilt es auch im Grünland zu verhindern. Grünlandumbruch und damit einhergehende Neuansaatmaßnahmen sollten nur in Ausnahmefällen zum Mittel der Wahl werden.

Überwachung und Anpassung: Aufzeichnungen über Erntemengen und Auswirkungen von Managementmaßnahmen machen Veränderungen sichtbar. Sie sind wertvolle Entscheidungshilfen, um die betriebseigene und standortegerechte Bewirtschaftungsstrategie optimal zu gestalten.

Die Anpassung der Grünlandbewirtschaftung erfordert eine ganzheitliche Herangehensweise, die wissenschaftliche Erkenntnisse, lokale Bedingungen und das Fachwissen der Landwirte kombiniert, um nachhaltige und klimaresiliente Praktiken zu entwickeln.

Die aktuellen Ergebnisse finden Sie auf der Homepage der HBLFA Raumberg-Gumpenstein. Scannen Sie einfach diesen QR-Code.

HABEN WIEDERKÄUER MITSCHULD AM KLIMAWANDEL?

Der Ausgangspunkt zur Beantwortung dieser Frage ist die Bestimmung des Strahlungsantriebes der Wiederkäuerhaltung in der Atmosphäre als wirksamer Beitrag zum Klimawandel. Diese Bestimmung muss, um die Schuldfrage zu klären, so-

Bei flächengebundener Weidehaltung von Mutterkühen ist der Einsatz fossiler Energie nur in sehr geringem Ausmaß notwendig. © Karin Ch. Taferner wohl vollständig (alle Treibhausgase THG) als auch wirkungsspezifisch (Kurz- und Langzeitwirkungen) durchgeführt werden. Mögliche Wechselwirkungen sind für die Beantwortung der abschließenden Frage „Sollen wir weiterhin Wiederkäuer halten?“ zu berücksichtigen. Als landwirtschaftliche THG können nach den gegebenen Bilanzierungsregeln Emissionen aus der Verbrennung fossiler Energiequellen (Kohlendioxid CO_2), Emissionen aus der anaeroben Stickstoffumsetzung im Boden (Lachgas N_2O) und Emissionen aus der Wasserstoffbindung bei der anaeroben Zerlegung von Strukturkohlehydraten (Methan CH_4) bestimmt werden (IPCC 2021).

Der Einsatz fossiler Energie in der Nutztierhaltung ist unbestritten. Das Ausmaß variiert und wird vom Automatisationsgrad der Produktionssysteme bestimmt. In der flächengebundenen Weidehaltung von Mutterkühen kann dieser Wert in klimatisch günstigen Regionen gegen null gehen. Ist Winterfutter notwendig und werden zugekaufte Betriebsmittel in höherem Ausmaß genutzt, entsteht eine Mitschuld in der Frage der Klimaerwärmung. Am Beispiel der Milchkuh wollen wir das kurz darstellen:

Bei einem Lieferleistungsniveau von 6.750 kg an abgelieferter fett- und proteinkorrigierter Milch (FPCM) im Jahr 2022 in Österreich wird ein Energiebedarf von 2,38 MJ ausgelöst. Dieser führt zu einer THG-Wirkung von etwa 0,2 kg CO_2e (Kohlenstoffdioxid-Equivalent). Das ist etwa ein Fünftel der derzeit nach IDF-Regeln (IDF 2015) zu bestimmenden Emissionsmenge von 0,98 kg CO_2e/kg FPCM. Dabei noch nicht berücksichtigt ist die Vorleistung der Nutztierhaltung in Maschinen und Gebäuden, die in Summe einen fossilen Energiebedarf von 1,5 MJ/kg FPCM bzw. 0,1 kg CO_2e/kg FPCM auslöst (GUGGENBERGER et al. 2023f).

Die Nutztierhaltung konzentriert Ausscheidungen, die im Zuge des landwirtschaftlichen Nährstoffkreislaufes wieder auf die Felder verbracht werden. Zu hohe Stickstoff-Mengen und ungünstige bodenklimatische Situationen führen zu einer mikrobiellen Umsetzung von Stickstoff zu N_2O durch die Nitrifikation und die Denitrifikation. N-Anreicherung bei Wiederkäuern wird vor allem durch Futterzukäufe ausgelöst (HERNDL 2019). Grundfutterzukäufe wirken dabei über den erhöhten Tierbestand, Kraftfutterzukäufe zusätzlich über die höheren Stickstoff-Konzentrationen. Der Wirkungsanteil von N_2O der Wiederkäuerhaltung steigt mit der durch Zukäufe realisierten Leistung und beträgt in Österreich derzeit zwischen 10 und 15 % der gesamten THG-Wirkung.

Während die Erläuterungen zu fossilem CO_2 und N_2O für alle Tierhaltungssysteme gelten, ist die Entstehung von Methan (CH_4) wiederkäuerspezifisch. Im größten Magen eines ausgewachsenen Rindes, dem Pansen, bereiten bis zu 25 kg Mikroorganismen als Symbionten (Hefen, Bakterien und einzellige Lebewesen) die Ernährung des Wirtstieres vor. Gemeinsam mit der mechanischen Aufbereitung durch den Wiederkäuer gelingt bedeutendes: Schwer verdauliche Strukturkohlenhydrate, die beim Wachsen landwirtschaftlicher Nutzpflanzen entstehen, werden von den Mikroben teilweise oder vollständig aufgespaltet und dem Wiederkäuer für seine Ernährung bereitgestellt. Bei diesem Verdauungsprozess entsteht im Vormagensystem der für die meisten Mikroorganismen schädliche Wasserstoff (H_2). Spezielle im Vormagensystem vorkommende Methanobakterien (Archaeen) wandeln den Wasserstoff unter Verbrauch von Kohlendioxid in das für das Rind ungefährliche Methan um, das abschließend in die Atmosphäre entweicht. Die jährlich von einer Milchkuh emittierte CH_4-Menge steht in enger Verbindung zur Futteraufnahme der Tiere und beträgt für die aktuelle Milchherde in Österreich bei einer Leistung von 5.000 kg FPCM etwa 100 kg pro Kuh und Jahr. Liegt die Leistung bei 10.000 kg FPCM steigt die CH_4-Menge pro Jahr auf bis zu 170 kg. Absolut betrachtet kann für ein Lieferleistungsniveau von 6.750 kg FPCM eine Emissionsmenge zwischen 0,5 und 0,7 CO_2e/kg FPCM berechnet werden. Methan wird damit zum bedeutendsten Treibhausgas der Wiederkäuerhaltung nach den Berechnungsregeln des IPCC.

Ist die Wiederkäuerhaltung damit schuldig an der Klimaerwärmung? Das vorläufige Urteil lautet JEIN! Die Schuld an den Emissionen von fossilem CO_2 und N_2O aus fehlerhaften Feldarbeitsprozessen kann bestätigt werden. Die CH_4-Frage ist deshalb über ihre tatsächliche Wirkung in der Atmosphäre zu klären, weil dieses Treibhausgas eine sehr kurze Lebensdauer besitzt. Bereits nach zwölf Jahren werden zwei Drittel jeder Emission in der Atmosphäre oxidiert, die maximale Abbauzeit beträgt 55 Jahre.

Bleiben Wiederkäuer in ihrer Ernährung an das nur von ihnen zu verwertende Grundfutter gebunden, entsteht folgender Kreislauf: Emissionsmengen bauen im Verlauf mehrerer Jahre eine CH_4-Summenwirkung auf, die nach einiger Zeit durch den gleichzeitigen Abbau in der Atmosphäre ein Gleichgewicht findet. Dieses Equilibrium wird von fossiler CO_2-Emissionen im C-Kreislauf nicht erreicht. Vielmehr bleibt etwa ein Drittel der Emissionswirkung langfristig in der Atmosphäre und führt zu einer Aggregation im Strahlungsantrieb. Diese Anreicherung ist die Ursache für die Klimaerwärmung (Seite 11) und muss zentrales Ziel im Klimaschutz sein. Die korrekte Berücksichtigung der Wirkung der einzelnen THG wird durch die international verbreitete Methode des Treibhauspotenziales in 100 Jahren (GWP100 mit der Einheit CO_2e100) derzeit nicht gewährleistet, weshalb Wiederkäuer nach dem derzeit gültigen Rechtsrahmen wegen ihrer CH_4-Emissionen schuldig gesprochen werden. Das wird so nicht bleiben, weil selbst das IPCC im letzten Bericht das Problem deutlich angesprochen hat.

Abschließend kann festgestellt werden, das die Mitschuld der Wiederkäuer am Klimawandel im technischen Teilbereich der Nutztierhaltung besteht, die biogene Wirkung von CH_4 aber dann marginal bleibt, wenn die Anzahl der Wiederkäuer und ihr Leistungsanspruch im Zug einer standortgerechten Landwirtschaft mit faserreichem Grundfutter verbunden bleiben. Dieses Futter kann vom Menschen nicht direkt genutzt werden und macht in Österreich etwa 61 % der geernteten Biomasse aus. Die Aufgabe dieser Ressource würde zu einer starken Intensivierung im Acker- und Gemüseanbau führen. Folgewirkungen wären zusätzliche Emissionen von CO_2 und N_2O sowie eine Schwächung der Versorgungssicherheit mit Nahrung in Österreich.

Die HBLFA Raumberg-Gumpenstein hat mehr als 35 Jahre Erfahrung in der Klimawandelforschung. Die Empfehlungen zu Anpassungsstrategien gibt es auch als Podcast. Hier finden Sie die aktuellen Folgen.

HITZESTRESS BEI NUTZ- UND WILDTIEREN

Die Auswirkungen von Hitzestress auf die Tiergesundheit sowie auf die tierischen Leistungen können sehr vielfältig sein und werden in unseren Breiten vielfach unterschätzt. Insbesondere dem subklinischen Bereich, wo zwar keine Krankheitserscheinungen, wohl aber deren negative Folgen auftreten, muss in diesem Zusammenhang besondere Beachtung geschenkt werden. Rinder sind allgemein relativ kältetolerant, aber nur wenig hitzeresistent. Eine Folge dieses Umstandes ist beispielsweise die Tatsache, dass Milchkühe am heißesten Tag des Jahres bis zu 4,5 kg weniger Milch geben als am kältesten Tag des Jahres.

Hitzestress und oft noch zusätzlicher Wassermangel führen zu schweren Krankheitssymptomen und können tierschutzrelevant sein. Wenn hochträchtige Kühe einem Hitzestress ausgesetzt sind, führt die Stresshormonausschüttung zu einer Immunsupression (Schwächung des Immunsystems) bei den neugeborenen Kälbern, die über Wochen andauern kann! © M. Deutz

Rinder zählen zu den sog. „Halbschattentieren“, deren Behaglichkeitsbereich bzgl. Umgebungstemperatur bei 0–15 °C liegt (Stöber 2002). Eine Hitzebelastung liegt dann vor, wenn die individuelle Wärmeproduktion, die bei Milchkühen mit steigender Milchleistung stark zunimmt, und die Wärmeaufnahme aus der Umgebung größer werden als die Wärmeabgabe. Die Wärmeabgabe erfolgt durch direkte Mechanismen (Abstrahlung, vorbeiströmende Luft, Kontakt mit kühleren Oberflächen) und indirekte Mechanismen (Wasserdampfreduktion über Atmung bzw. Schwitzen).

Neben der Umgebungstemperatur sind die relative Luftfeuchte, eine etwaig bestehende direkte Sonneneinstrahlung sowie die individuelle Leistung des Tieres (Wärmeproduktion) von wesentlicher Bedeutung für die Entstehung von Hitzestress.

Hitzestress fördernde Faktoren sind direkte Sonneneinstrahlung (z. B. Weide über Mittag ohne Schatten), mangelnde Luftzirkulation bzw. Windstille, sehr hohe Milchleistung, Trächtigkeit, körperliche Anstrengung, ungenügende Wasserversorgung, absolut zu hoher Salzgehalt von Wasser und Futter, sowie krankheitsbedingt verminderte Hitzetoleranz. Auch genetische Einflüsse spielen hinsichtlich Hitzetoleranz eine Rolle, wobei die Haarfarbe (schwarz absorbiert mehr und erhitzt sich dadurch rascher und höher als weiß) einen bedeutenden Faktor darstellt.

ANZEICHEN UND FOLGEN VON HITZESTRESS

Ab einer Umgebungstemperatur von 24 °C und einer relativen Luftfeuchte von 70 % beginnt für Milchkühe die körperliche Belastung in einem Maße anzusteigen, dass man von Hitzestress spricht.

Bei hochgradigem Hitzestress wird die Atemtätigkeit hochfrequent (> 80 Atemzüge/min) und oberflächlich, betroffene Tiere atmen keuchend bei geöffnetem Maul und vorgestreckter Zunge. Die Kühe sind unruhig und weisen auch eine erhöhte Oberflächen- bzw. innere Körpertemperatur auf (≥ 39,8 °C). Wenn der Untergrund nicht kühl oder nass ist, legen sich die Kühe auch seltener hin (sonst vermehrtes Liegen). Die Schleimhäute sind gerötet, der Puls ist schwach und die Harnausscheidung ist deutlich vermindert, der Harn wird konzentrierter. Je nach Grad und Dauer der hyperthermischen Belastung kommt es neben der Hämokonzentration (Eindickung des

Hinweise für beginnenden Hitzestress:

- Erhöhte Atemfrequenz, pumpende Atmung
- Tiere liegen weniger und drängen sich z. B. um Tränken
- Innere Körpertemperatur > 39 °C
- Rückgang der Futteraufnahme

Anzeichen für erheblichen Hitzestress sind:

- Kopf-Hals gestreckt und Maulatmung
- Erheblicher Rückgang der Futteraufnahme
- Absinken der Milchleistung
- Verminderte Brunstgeschehen und schlechte Verbleiberaten
- Innere Körpertemperatur > 39,6 °C

Blutes) zu Leukopenie (Verringerung der Anzahl weißer Blutkörperchen), Hypoglykämie (Unterzuckerung) sowie zum Ansteigen des Blut-Harnstoffgehaltes. Im Endstadium nimmt die Frequenz des immer unregelmäßiger werdenden Herzschlages zu. Betroffene Kühe liegen fest, es kommt zu Muskelzittern und Krämpfen. Der Tod tritt infolge Atemlähmung und Kreislaufversagen ein. Aber auch nach einem Hitzestress können eine Reihe von Folgekrankheiten wie Ketose, Pansenübersäuerung (Acidose), aber auch Mastitis (Euterentzündung) und Klauenrehe auftreten. Auch Fälle von Verwerfen (Aborte) sind bekannt.

Bei Milchkühen können bei direkter Sonnenbestrahlung auch Sonnenbrände auftreten, wobei die fehlende Euterbehaarung bei besonders durchgezüchteten Milchviehrassen eine wesentliche Rolle spielt. Ein Sonnenbrand auf der Euterhaut führt zur Rötung, Schwellung und Schmerzen in der Euter-Region, zum Milchaufhalten und insgesamt steigt die Häufigkeit von Euterentzündungen.

Der Wasserbedarf steht in direktem Zusammenhang mit der Umgebungstemperatur und der Milchleistung. So hat eine Milchkuh mit einer Milchleistung von 40 kg bei 5 °C Umgebungstemperatur einen täglichen Wasserbedarf von 115 Liter. Bei 16 °C steigt er auf 125 Liter an und liegt bei einer Umgebungstemperatur von 27 °C bereits bei 145 Liter Wasser täglich. Stehen diese Mengen an benötigtem Trinkwasser nicht jederzeit und nicht ausreichend zur Verfügung, so kommt es bei den betreffenden Tieren sehr viel früher zu den negativen Auswirkungen von Hitzestress und deren Folgekrankheiten.

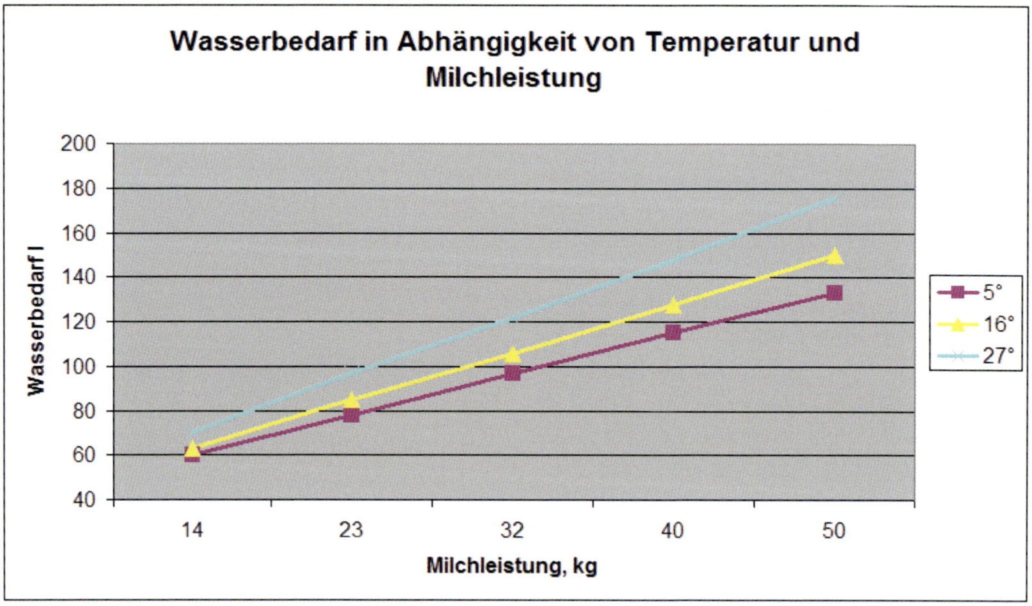

Der Wasserbedarf von Milchkühen beläuft sich in Abhängigkeit von Außentemperatur und Milchleistung auf bis über 170 Liter pro Tag!
Quelle: Pennington und VanDevender, 2005

Hitzestress tritt bei Kühen sowohl im Stall als auch bei Weidehaltung auf. Schattenplätze und eine gute Wasserversorgung sind notwendig, um Hitzestress zu lindern. © M. Deutz

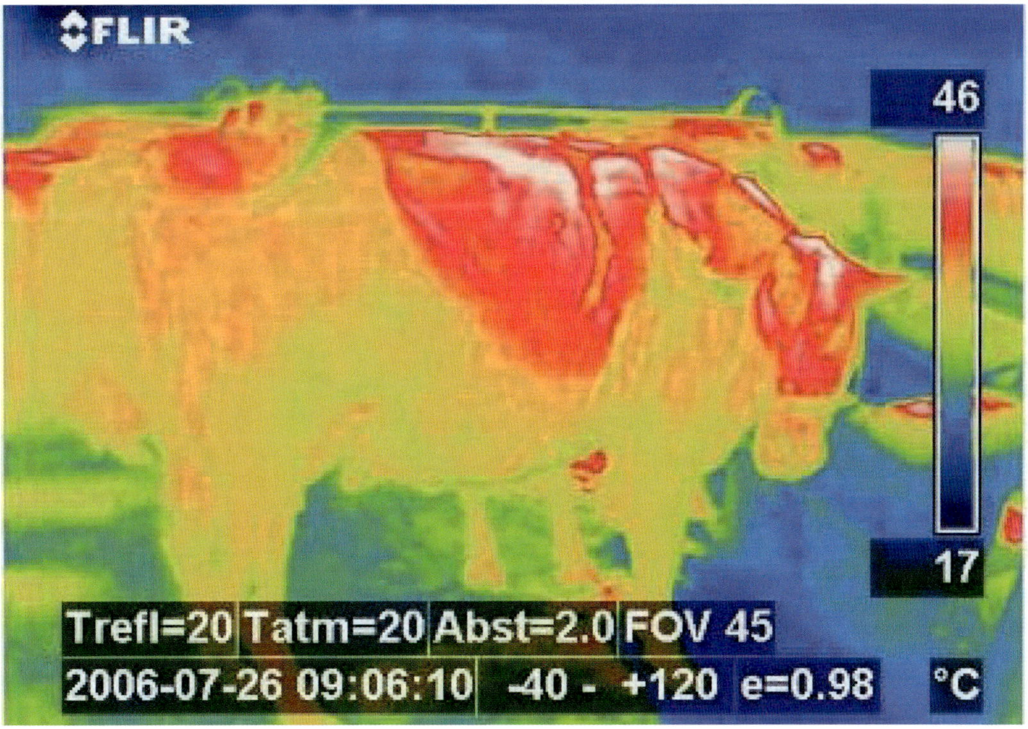

Wärmebildkamera-Aufnahme einer Kuh im Stall mit Hitzestress, Oberflächentemperatur bis 46 °C. © HBLFA Raumberg-Gumpenstein

Nehmen Sie Hitzestress ernst!

Mehrere Einflussfaktoren führen zur Entstehung von Hitzestress und negativen Folgekrankheiten bzw. Problemen bei den Milchkühen:

- ab einer Umgebungstemperatur von 25 °C muss mit einem starken Rückgang der Futteraufnahme gerechnet werden (bis minus 22 % bei 32 °C)
- Gefahr der Ketose steigt bei Hochleistungstieren
- Milchharnstoffgehalt steigt
- Stoffwechselbelastung steigt
- Zellzahl in der Milch kann steigen
- Kraftfutter wird vollständig gefressen, Grundfutter wird zu wenig aufgenommen
- Gefahr der Pansenübersäuerung steigt
- „Austrocknung" des Vormageninhaltes und des Körpers
- Kühe zeigen bei Hitze öfter Milchrinnen
- Fliegenbelastung steigt
- Infektionsgefahr steigt (Coli-Mastitiden)
- Kreislaufbelastung durch Hitze (Puls, Atmung, innere Körpertemperatur steigen an)
- Hirnödem und verändertes/gestörtes Verhalten (ZNS-Symptomatik – zentrales Nervensystem)
- Kreislaufversagen
- Hohe Umgebungstemperaturen führen zur raschen Nacherwärmung von Silagen (am Anschnitt sowie im Futterbarren)
- Mykotoxin- und Keimbelastung des Futters steigen rasant an
- Schmackhaftigkeit des Futters leidet stark
- Fruchtbarkeit leidet: Kühe mit erhöhter innerer Körpertemperatur/Hitzestress zeigen massiv herabgesetzte Verbleiberaten
- Wassermangel
- Wasserangebot knapp – Durchflussgeschwindigkeit, Tränkeranzahl, Erreichbarkeit
- Kühe trinken zu wenig Wasser, auch bei genügendem Angebot
- Wasserqualität wird bei Hitze rasch mangelhaft
- Luftqualität im Stall sinkt mit zunehmender Temperatur
- Je höher die Milchleistung einer Kuh ist, umso mehr Wärme wird produziert. Hochleistende Kühe sind deshalb empfindlicher gegenüber Hitzebelastung.

MASSNAHMEN ZUR SENKUNG VON HITZESTRESS

Um Hitzestress zu mildern, sind alle Maßnahmen zu ergreifen, um die Tiere bei der Wärmeregulation zu unterstützen. Neben einer optimalen Wasserversorgung, ist auf eine Temperaturoptimierung im Stall mittels Beschattung, Lüftung und ev. Vernebelung zu achten. Managementmaßnahmen wie das verstärkte Einfüttern abends (in den kühlen Nachtstunden wird mehr gefressen, geringes Risiko der Nacherwärmung) oder das Umstellen von Tag- auf Nachtweide kann die Folgen von Hitzestress mildern.

Vor allem bei Stallhaltung und –bau sind lüftungs- und gebäudetechnische Aspekte zu berücksichtigen. Ziel sollte es sein, die freie Lüftung von Gebäuden zu nutzen und bei Bedarf technische Unterstützung einzubauen. Axialventilatoren sind Vertikalventilatoren eindeutig vorzuziehen. Schlauchbelüftungssysteme eignen sich insbesondere bei geringen Gebäudehöhen. Sonnenschutz und isolierte Dachaufbauten werden empfohlen. Begrünte Dachflächen helfen, die Stalltemperaturen an Hitzetagen erträglich zu halten.

Neben ausreichender Lüftung ist auch eine Kühlung durch Verdunstung von Wasser möglich. Dabei werden zwei Systeme unterschieden: Bei Niederdrucksystemen („Beregnung“) werden die Tiere benetzt und damit gekühlt („Kuhdusche“). Hochdrucksysteme („Vernebelung“) erhöhen hingegen den Wasserdampfgehalt der Luft. Dadurch sinkt die wahrgenommene Lufttemperatur. Dabei ist darauf zu achten, dass es nicht durch zu starke Wasservernebelung zu einem „tropischen“ Klima im Stall kommt und damit den Hitzestress sogar verstärkt.

Zusätzlich zur direkten Sonneneinstrahlung belastet die schlechte Futterqualität in Hitzeperioden den Stoffwechsel der Tiere so sehr, dass die Leistungen sinken. © A. Deutz

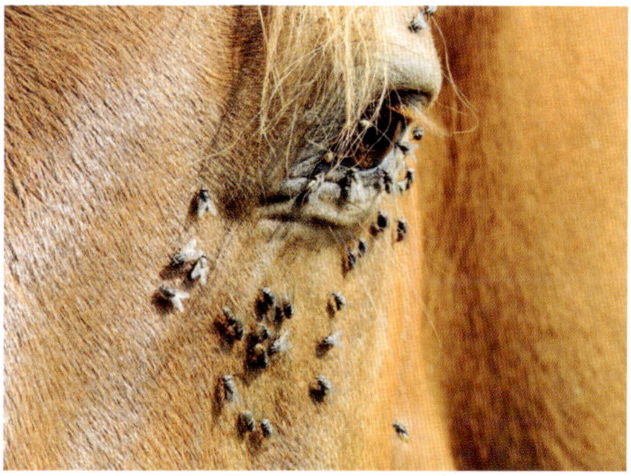

In Hitzeperioden sind die Tiere meist auch mit einem hohen Insektendruck konfrontiert. © A. Deutz

HITZESOMMER LÄSST WILDBRETGEWICHTE SINKEN

Die Hitzesommer 2003 und 2013 waren sowohl für Haus- als auch für Wildtiere ein enormer Stressfaktor. Sowohl bei Rot- als auch bei Reh- und Gamswild lagen die Durchschnittsgewichte aller Altersklassen im und nach dem Extremsommer 2003 durch Hitzestress und Wassermangel deutlich unter jenen der beiden vorhergehenden Jagdjahre. Das Durchschnittgewicht von Rehen und Gamswild war in der Steiermark um 0,5 kg niedriger, das von Rotwild um 1,0 kg.

Der relativ höhere Gewichtsverlust bei Rehen resultiert vermutlich aus der sehr territorialen Lebensweise des Rehwildes im Sommerhalbjahr, die bewirkt, dass ungünstige (wasserarme) Lebensräume nicht einfach verlassen werden können. Vermutlich als Folge dieses Witterungsextrems und der Schwächung der Tiere war im Herbst/Winter 2003 eine Häufung von Paratuberkulosefällen bei Wild zu beobachten.

Auch Wildtiere leiden unter Hitzeperioden. Nach Hitzesommern ist das sogar an den Durchschnittsgewichten ablesbar. © G. Greßmann

Temperaturen um 15–20 °C in der Gamsbrunft führen zu Hitzestress und dieser kann Mitauslöser von Gamsräude sein. © K. Tschernig

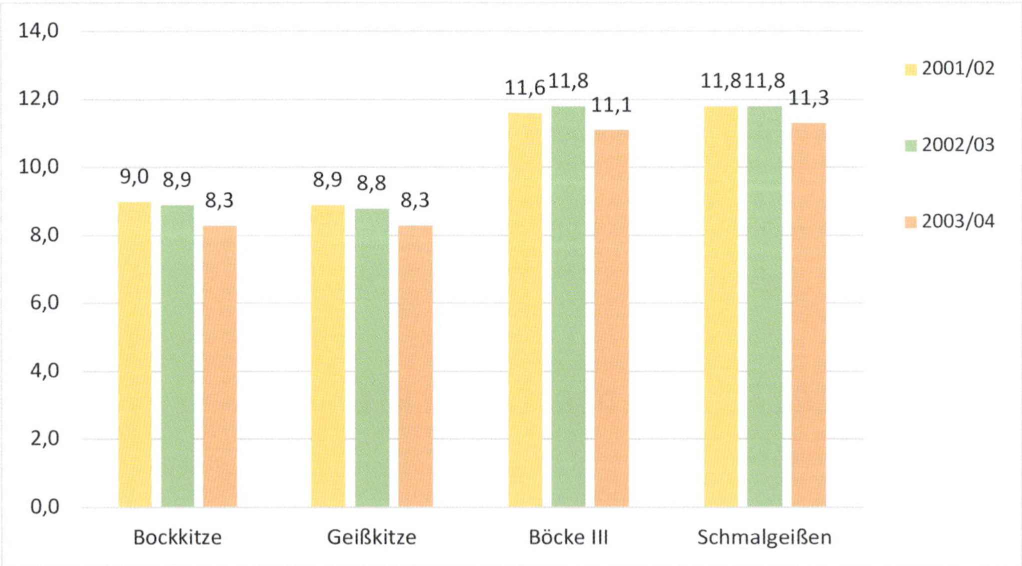

Durchschnittsgewicht Rehe: Nach dem Hitzesommer fällt das deutlich geringere Durchschnittsgewicht bei Rehen im Herbst 2003 gegenüber den beiden Vorjahren auf. Ergebnisse aus der Steiermark.
Quelle: A. Deutz

KLIMAGEWINNER UND KLIMAVERLIERER

Durch die Veränderungen der letzten Jahrzehnte gibt es nicht nur Verlierer, sondern auch eine recht hohe Anzahl an Arten, die von der Erwärmung profitieren. Zu den Klimagewinnern gehören beispielsweise Bienenfresser und Nachtigall sowie Wildschwein und Steinmarder. Auf der Seite der Verlierer stehen jedenfalls viele alpine Säugetier- und Vogelarten.

WILDSCHWEINE PROFITIEREN

Durch die Steigerung der Wintertemperaturen, Ausbreitung der Maisanbauflächen und häufigere Mastjahre (Buche, Eiche) profitieren Wildschweinebestände in nahezu ganz Europa. Mit den steigenden Beständen erhöht sich auch das Risiko von Wildschäden durch Schwarzwild an landwirtschaftlichen Kulturen oder am Grünland.

Zusätzliche Hege- und Fütterungsmaßnahmen können die Situation noch verschärfen. Ein weiterer wesentlicher Aspekt ist das mit steigenden Beständen erhöhte Risiko des Ausbruches von Schweineseuchen wie Europäischer oder Afrikanischer Schweinepest, Aujeszkyscher Krankheit oder Brucellose.

Wildschweine sind in Europa jedenfalls Klimagewinner – damit nehmen auch die Schäden zu.
© W. Deutz; A. Deutz

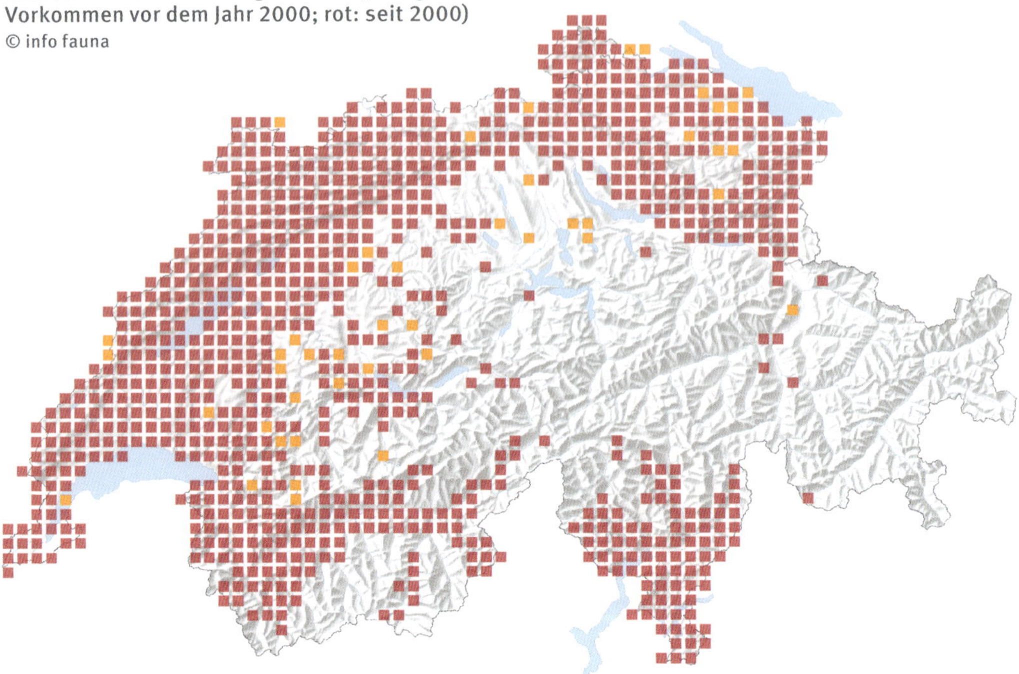

Wildschweineausbreitung Schweiz (orange: Vorkommen vor dem Jahr 2000; rot: seit 2000)

VOGELARTEN: MEHR VERLIERER ALS GEWINNER?

Aufgrund der kurzen Datenreihe, die noch dazu in einen von der Klimaentwicklung her rechnerisch gesehen ungünstigen Zeitraum fällt, müssen die Aussagen über den Einfluss des Klimawandels auf die Brutvogelpopulation in Österreich mit Vorsicht interpretiert werden. Bisherige Ergebnisse weisen aber darauf hin, dass die meisten Brutvogelarten in Österreich, sofern ihr Lebensraum und ihre Nahrungsgrundlage nicht durch andere Faktoren, wie etwa landwirtschaftliche Bewirtschaftungsweise und Änderungen im Kulturland sowie Lebensraumverluste, beeinträchtigt werden, derzeit vom Klimawandel betroffen sind. Dies gilt z.B. für den Bienenfresser oder die Nachtigall, die sich in wärmer werdende Gebiete ausbreitet, und umgekehrt für Birkhühner oder Wacholderdrosseln, deren Bestände zurückgehen (Nemeth et al., 2016).

Da sich in den letzten 20 Jahren durch den Klimawandel die Linien gleicher Temperaturen (Isothermen) in Europa um rund 250 Kilometer weiter nach Norden verschoben haben, können sich auch die Verbreitungsgebiete von Vogelarten deutlich ändern, zudem hat dies einen deutlichen Einfluss auf den Vogelzug sowie auf Brut- und Überwinterungsgebiete. Es gibt auch Vogelarten, die regional von Zug- zu Standvögeln oder von Lang- zu Mittelstreckenziehern wurden.

Falls Schnee fehlt, sind Schneehühner und Schneehasen im Winterkleid eine leichte Beute für Adler und Uhu. © A. Deutz

Wärme liebende Vogelarten wie der Bienenfresser können vom Klimawandel profitieren. © A. Deutz

TIERARTEN WERDEN KLEINER

Die Bergmann'sche Regel besagt, dass je weiter man noch Norden geht, die Tiere größer und schwerer werden. Bei größeren Tieren ergibt sich ein günstigeres Oberflächen-Gewicht-Verhältnis, das bedeutet dass größere Tiere im Verhältnis zu kleineren Tieren und deren Gewicht eine relativ kleinere Oberfläche besitzen und damit weniger Wärme verlieren. Wenn nun aber die Klimazonen wandern, ändern sich schrittweise auch die Gewichte der dort lebenden Tiere.

Beispiele dafür sind Steinmarder, Rotwild und Rentiere. Was tatsächlich der Auslöser für diesen Trend ist, das veränderte Nahrungsangebot, innerartliche Konkurrenz oder ein direkter Temperatureinfluss, lässt sich noch nicht wirklich abschätzen. Bei Rotwild in Norwegen wurde nachgewiesen, dass die Setzgewichte der Kälber nach milden Wintern geringer waren.

Unter dem Einfluss des Klimawandels werden Rentiere kleiner. © A. Deutz

Der Rückgang der Braunbärenpopulation in Europa könnte mit einem höheren Energieverbrauch in der häufiger unterbrochenen Winterruhe zusammenhängen. © A. Deutz

WINTERRUHE, WINTERSCHLAF UND WINTERSTARRE

Den Winter als beinah vegetationslose Zeit zu überstehen, stellt, für die inneralpine Tier- und Pflanzenwelt, eine große Herausforderung dar. Speziell unsere heimischen Tierarten haben sich im Laufe ihrer Evolution an die schwierigen Lebensbedingungen während des Winters angepasst und komplexe Strategien und Verhaltensweisen für ihr Überleben entwickelt. So sind komplizierte Veränderungen des Stoffwechsels und Hormonhaushaltes während der Winterperiode für viele Tierarten die Voraussetzung für ihr „Überwintern". Aufbau und Speicherung von Körperfett als Energiedepot und der Haarwechsel hin zu speziellen Formen des Winterhaarkleides helfen mit, den Körper vor der Kälte zu schützen. Durch Herabsetzung der Bewegungsaktivität, des Herzschlages und ihres Stoffwechsels insgesamt sind viele Wildtiere wie etwa Rotwild, Steinwild oder Gämsen in der Lage, den Winter gesund zu überdauern. Eichhörnchen, Dachse oder auch Braunbären gehen hier noch weiter, sie halten eine Winterruhe. Dazu suchen sie geeignete, geschützte Plätze auf, senken geringfügig auch ihre Körpertemperatur und verfallen in lange Phasen eines Dämmer- und Schlafzustandes. Diese Phasen können aber durch Wachphasen unterbrochen werden, wo auch gelegentliche Nahrungssuchen stattfinden. Der Rückgang der Braunbärenpopulation in Europa könnte mit höherem Energieverbrauch in der Winterruhe zusammenhängen, wenn sie die Winterruhe häufiger unterbrechen. Zugleich bringen Bärenweibchen ihre Jungen Ende des Winters zur Welt. Sind die Weibchen geschwächt, wird der Fortpflanzungserfolg geringer.

Der echte Winterschlaf (Hibernation) ist bei Fledermäusen, Murmeltieren oder auch beim Igel zu finden. Die Winterschläfer verfallen während dieser Zeit in einen energetischen Sparzustand (Torpor), während dem sie ihre Körpertemperatur von ca. 39 °C auf bis zu 7 °C (Murmeltier) absenken. Der Herzschlag wird extrem abgesenkt, beim Igel schlägt das Herz anstatt 200-mal pro Minute nur noch fünfmal pro Minute und auch die Frequenz der Atemzüge ist extrem herabgesetzt. Bei der Kältestarre der wechselwarmen Tiere (Schnecken, Reptilien und Amphibien) kommt es überhaupt zu einer Angleichung der inneren Körpertemperatur an die Umgebungstemperatur. Lediglich der extrem hohe Glukose- und Harnstoffgehalt in den Körperflüssigkeiten, insbesondere im Blut verhindern ein Erfrieren. All diese komplexen Strategien werden durch äußere Signalgeber wie die Tageslängen, insbesondere aber durch die Umgebungstemperaturen ausgelöst und gesteuert.

Warmwettereinbrüche während des Winters, Spätfröste im Frühjahr sowie insgesamt unstete Wetterbedingungen bringen die Überlebensstrategien unserer heimischen Wildtiere unter Druck. So ist beim Igel bekannt, dass er bei länger dauernden Phasen über 6 °C seinen Winterschlaf unterbricht. Im wachen Zustand verbrauchen die Tiere jedoch sehr viel mehr an Energie, welche sie aus dem Körperfett gewinnen. Binnen weniger Tage kann so der Energievorrat für den Winter erschöpft sein, zumal der Igel im Winter kaum Nahrung findet. Ein erneuter Wintereinbruch führt so unweigerlich zum Kältetod der Igel. Die sehr fein abgestimmten Verhaltensweisen unserer Wildtiere geraten durch den Klimawandel aus den Fugen und bedrohen diese in ihren Strategien, den Winter unbeschadet zu überleben.

Igel können bei Temperaturen von über 6 °C ihren Winterschlaf unterbrechen, was sie aber rasch in ein Energiedefizit bringt. © A. Deutz

ALPINE WILDTIERARTEN SIND MEIST VERLIERER

Wildtierarten wie Birk- und Schneehuhn oder Gams- und Steinwild haben sich im Laufe ihrer Evolution perfekt an das Leben in alpinen Regionen angepasst. Aufgrund der Klimaerwärmung und einem regionalen Rückgang der Almbewirtschaftung steigt die Waldgrenze an. Dadurch verringert sich der Lebensraum dieser Wildtierarten massiv. Es entstehen suboptimale Lebensräume und es kommt zur Abnahme bis zum Verschwinden einzelner Populationen, zur Verarmung genetischer Ressourcen, Schwächung der Abwehrlage und damit auch vermehrt zu Infektionskrankheiten und Parasitosen. Die Probleme alpiner Arten werden anhand eines Beispiels aus den Niederen Tauern gesondert dargestellt.

Den Lebensraum beurteilen

Zur Einschätzung der Lebensraumeignung (gut geeignet bzw. nur temporär möglich) wurden in einem StartClim-Projekt Lebensraummodelle für Birk-, Gams- und Steinwild erstellt. Zur Definition der jeweiligen Lebensraumeignung wurden für das Birkhuhn insgesamt 143 Parameter, wie u. a. Höhenstufe, Sonnenexposition, Neigung, sowie Wald- und Vegetationsbedeckungsgrad, Höhe der Bodenvegetation und Felsanteil und für Gams- bzw. Steinwild 35 Parameter – diese aber unterschieden nach Sommer- und Winterlebensräumen – entwickelt. Diesen wissensbasierten Modellen wurden Beobachtungsdaten von Berufsjägern gegenübergestellt.

Zum ausführlichen Projektbericht des StartClim-Projekts 2014 „Zur Bedeutung des Klimawandels für die Ernährung und Krankheiten alpiner Wildarten“

Durch das Ansteigen der Waldgrenze erleiden alpine Wildarten massive Lebensraumverluste.
© A. Deutz

Zunehmender Freizeitdruck durch Wanderer und Mountainbiker auf den restlichen Freiflächen verschärft das Problem. © A. Deutz

Gamswild: Waldfreie Lebensräume nehmen stark ab

Der Lebensraum von Gamswild erstreckt sich von aufgelockerten Waldgrenzbereichen bis ins Hochgebirge. Einzelne inselartige Gamsvorkommen existieren in Waldgebieten („Waldgams"), selbst im Nahbereich von Städten wie Graz oder Salzburg. Gamswild kann in Rudeln von über 100 Stück beobachtet werden, wobei die Rudelgröße von der Übersichtlichkeit des Geländes abhängig ist. Das Leben im Rudel verschafft den Gämsen Vorteile bei feindlichen Angriffen und ein erhöhtes Sicherheitsgefühl in der Gruppe. Felsen und ein übersichtliches Gelände sind für das Sicherheitsbedürfnis des Gamswildes sehr wichtig und beeinflussen auch ihr Fluchtverhalten. So wählen Geißen als Setzplätze (Ort, wo die Kitze geboren werden) meist Felsnischen mit gutem Ausblick. Im Spätsommer befindet sich Gamswild in den höchsten Regionen des jeweiligen Lebensraumes. Mit den ersten Schneefällen zieht

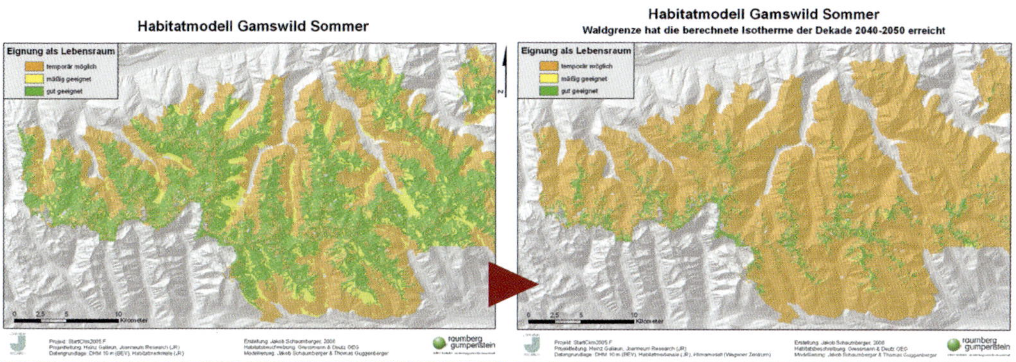

Aktuelle (links) und zukünftige (rechts; Simulation 2050) Lebensraumeignung für Gamswild in den Niederen Tauern im Sommer unter Annahme des Ansteigens der Waldgrenze durch den Klimawandel. (grün = gut geeignet, gelb = mäßig geeignet, braun = temporär möglich). Quelle: Projekt StatClim2005.F

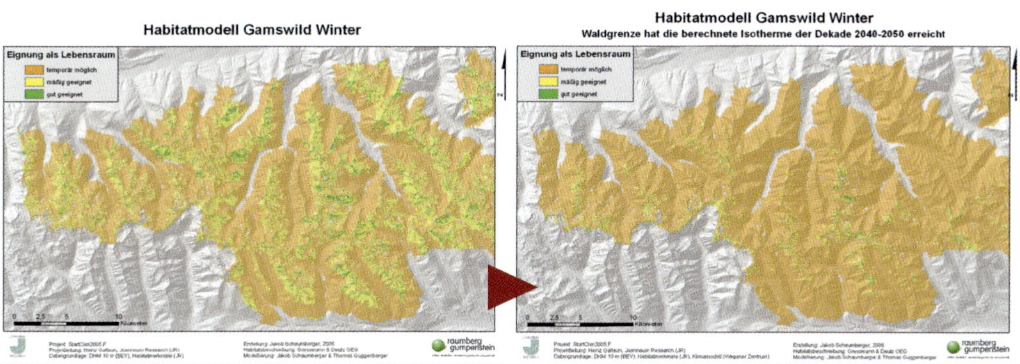

Aktuelle (links) und zukünftige (rechts; Simulation 2050) Lebensraumeignung für Gamswild in den Niederen Tauern im Winter unter Annahme des Ansteigens der Waldgrenze durch den Klimawandel.
Quelle: Projekt StatClim2005.F

es in die Wintereinstände. Im April und Mai findet man Gamswild auch in Tallagen, wo die erste frische Grünäsung (Grünfutter) aufgenommen wird und die Gämsen dann mit den grünenden Pflanzen wieder höher ziehen. Problematisch für die Lebensraumbewertung und Modellierung bei Gams- und Steinwild, vor allem aber beim Gamswild, ist die relativ hohe ökologische Plastizität dieser Wildart. Diese bedeutet, dass unter gewissen Bedingungen auch auf den ersten Blick ungeeignete Einstände kurzzeitig genutzt werden bzw. die Bandbreite nutzbarer Einstände groß ist.

Nach diesen Berechnungen wird in den nächsten Jahrzehnten der gut geeignete Lebensraum für Gamswild im Untersuchungsgebiet Niedere Tauern (Steiermark) sowohl im Sommer als auch im Winter um rund 80 % abnehmen und die Fläche der derzeit mäßig geeigneten Lebensräume wird sich im Sommer um 90% und im Winter um 82% reduzieren. Unter zusätzlicher Berücksichtigung des Umstandes, dass sich auf den verbleibenden Freiflächen über der Waldgrenze die sportliche und touristische Nutzung des Gamswildlebensraumes noch erhöhen wird, muss mit einer immensen Einschränkung des alpinen Gamswildlebensraumes und mit dem häufigeren Auftreten von Waldgamspopulationen – damit auch mit möglichen Wildschadensproblemen – gerechnet werden.

Lebensraumqualität für Steinwild

Grundsätzlich liegen, abgesehen von kleineren alpinen Trockenlagen, die Niederschläge für Steinwildlebensräume im Ostalpenraum hoch bis sehr hoch. Hohe Schneelagen können allerdings durch die Topographie des Geländes teilweise aus-

Wesentliche Faktoren von Steinwild-Wintereinständen sind Exposition, Hangneigung, Felsanteil und Nichtwaldanteil. © W. Deutz geglichen werden. Ohne geeignete Wintereinstände hat das wenig „schneegängige“ Steinwild allerdings Probleme. Da sich ein Großteil der Kolonien auf mehr oder weniger großen, isolierten Gebirgsstöcken befindet, kann Steinwild nur in Ausnahmefällen weite Wanderungen unternehmen. Daher beeinflusst die Qualität der Wintereinstände die Entwicklung von Steinwildpopulationen.

Wesentliche Faktoren der Wintereinstände:

- die **Exposition:** Südseitige Hänge erhalten die höchste Sonneneinstrahlung, der Schnee schmilzt rascher und das Steinwild kann Energie sparen.
- die **Hangneigung:** Ab 40 Grad Neigung rutscht der Neuschnee ständig ab, ohne größere Schneemassen zu bilden, dadurch gelangt das Steinwild leichter zur Pflanzendecke und auch das Freischlagen von Äsung (Futter) ist im steilen Gelände leichter.
- der **Felsanteil:** Das Fluchtverhalten ist auf Felsen ausgerichtet; felsbegleitende Gras- und Kräutervegetation als Äsung; Weiters führt die Sonneneinstrahlung zu einer Erwärmung der Felsen, wodurch der Schnee in der Nähe rascher schmilzt.
- der **Nichtwaldanteil:** Dichte Baumbestände verhindern das Abrutschen von Schnee und verzögern die Schneeschmelze.

Geeignete Lebensräume schrumpfen

Der Entwicklung der Steinwildkolonien am Ostalpenrand sind also durch das Zusammenspiel von hohen Niederschlagsmengen in Form von Schnee und der vielerorts nur bedingt geeigneten Topographie in den Wintereinständen Grenzen gesetzt. Ein Großteil der Kolonien im Ostalpenraum befindet sich auf isolierten Gebirgsstöcken, wodurch der Qualität der Wintereinstände noch größere Bedeutung zukommt, da das Steinwild nicht in andere Gebiete ausweichen kann.

Steinwild zeigt im Winter zwar eine starke Bindung an *südost*- bis *südwest*seitige steile, sowie nicht oder nur schütter bewaldete Hänge, an denen der Schnee bald abrutscht und die Äsung freigibt. Es kann, vor allem bei fehlendem Schnee, immer wieder andere Expositionen nutzen, welche langfristig gesehen aber für eine Population keine Überlebensmöglichkeiten bieten.

Diesen Berechnungen zufolge wird in den nächsten Jahrzehnten bei einem prognostizierten Anstieg der Jahresdurchschnittstemperatur die Waldgrenze, wie bereits dargestellt, deutlich ansteigen. Damit reduziert sich allein der gut geeignete Lebensraum für Steinwild im beispielhaften Untersuchungsgebiet Niedere Tauern im Sommer um 95 % und im Winter um rund 78 % gegenüber den heute noch gut geeigneten Sommer- bzw. Winterlebensräumen.

Kleine Kolonien gefährdet

Kleine Populationen bedürfen eines sehr sorgsamen Umganges. Wie Untersuchungen an Bighorn-Schafen (*Ovis canadensis*) zeigten, starben Populationen mit weniger als 50 Tieren innerhalb von 50 Jahren aus, während Populationen mit über 100 Tieren längerfristig überlebten. Dies zeigt, dass die Populationsgröße einen entscheidenden Faktor für das Überleben von Kolonien darstellt. Sicherlich spielen genetische Faktoren dabei eine große Rolle (Inzucht, Krankheitsanfälligkeit). Beim Steinwild gibt es in dieser Hinsicht einen doppelten Flaschenhalseffekt. Durch die beinahe Ausrottung dieser Wildart wurde die genetische Variabilität stark reduziert und bei der Neugründung von Kolonien gelangte wieder nur einen Bruchteil der gene-

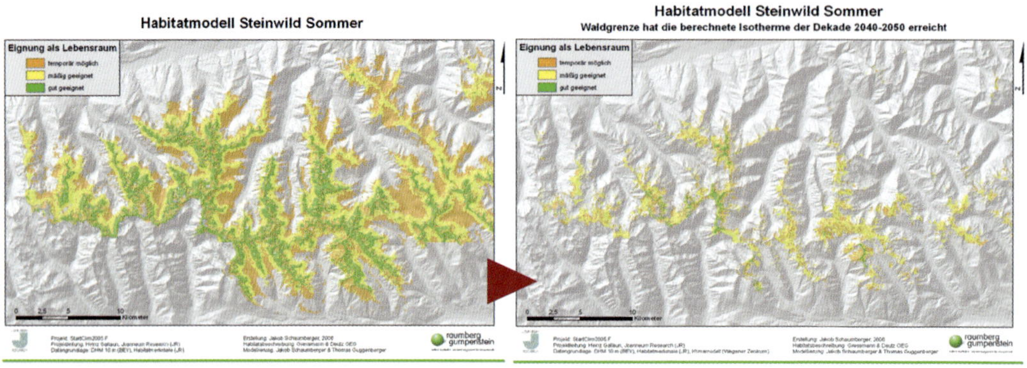

Habitatmodell für Steinwild Sommer; Aktuell (links) Waldgrenze hat 6,9 °C Isotherme der Dekade 2040 bis 2050 (rechts) erreicht.
Quelle: Projekt StatClim2005.F

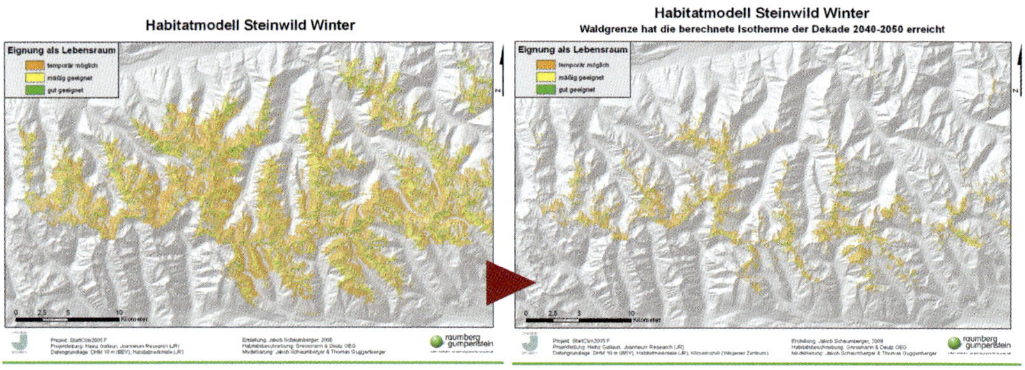

Habitatmodell für Steinwild Winter; Aktuell (links) Waldgrenze hat 6,9 °C Isotherme der Dekade 2040 bis 2050 (rechts) erreicht.
Quelle: Projekt StatClim2005.F

tischen Vielfalt der Ausgangspopulation in das neue Gebiet. Ein weiterer Faktor, der die Stabilität kleiner Populationen wesentlich stärker beeinflussen kann, ist das sogenannte Umweltrauschen. Unter diesem Begriff werden allgemein unvorhersehbare Umwelteinflüsse zusammengefasst. Als einfaches Beispiel sei nur folgende Situation geschildert: Wenn bei einer 100 Stück zählenden Population in einem strengen Winter 15 Tiere verenden (Lawinen, Hungertod usw.), spielt dies eine geringere Rolle als bei einer 30 Stück zählenden Kolonie, bei der der anteilsmäßig gleiche Verlust von fünf Tieren bereits das Ende der Kolonie bedeuten könnte. Für mehrere Kolonien am Ostalpenrand gilt ein längerfristiges Überleben als nicht gesichert.

Folgen suboptimaler Lebensräume

Ein längerer Verbleib in suboptimalen Lebensräumen ist für Gams- und Steinwild problematisch. In einzelnen Populationen nehmen die Stückzahlen ab, die Krankheitsanfälligkeit (z. B. Endoparasitosen, Räude, Gamsblindheit) steigt und es bilden sich kleinere Rudel in bewaldeten Gebieten mit dem Nebeneffekt einer verlängerten

Brunft, was vor allem die Böcke zusätzlich schwächt. Weiters wird es zu einem möglichen Absinken mancher Populationen unter die sog. „kritische Bestandsgröße" kommen und damit zu einer kurz- bis mittelfristigen Auflösung von Beständen sowie möglicherweise zu einer Inzuchtdepression infolge der „Verinselung" von Populationen.

Änderungen im Klima und in der Umwelt hatten in den letzten Jahrzehnten bei unterschiedlichen Tierarten einen Einfluss auf die Körpergröße. Die meisten Studien vermuteten indirekte Einflüsse des Klimas auf die Verfügbarkeit der Ressourcen. Mason et al. (2014) beschreiben einen Rückgang des Körpergewichtes beim Gamswild (*Rupicapra rupicapra*) in drei benachbarten Populationen in den italienischen Alpen und sie fanden deutliche Hinweise, dass höhere Temperaturen im Frühling und Sommer dafür verantwortlich sind. Und zwar nicht hauptsächlich wegen der Einflüsse des Klimawandels auf die Produktivität und Phänologie der Pflanzenbestände, sondern deshalb, weil bei hohen Temperaturen und dem damit verbundenen Meideverhalten

„Teufelskreis" höhere Temperaturen und Gamswild

von zu warmen Lebensräumen weniger Zeit für die Äsungsaufnahme aufgewendet wird. Über Managementmaßnahmen, wie z. B. Schwenden, Anpassung der Auftriebszahlen von Weidevieh etc., könnten geeignete Äsungsgebiete vergrößert werden, um diesem Trend etwas zu begegnen.

Birkhühner

In den Alpen liegt der Lebensraum des Birkhuhns im Bereich der klimatisch bedingten oberen Wald- und Baumgrenze unter dem Lebensraum des Schneehuhnes. Als Bewohner der Übergangsbereiche zwischen Wald und offenen Freiflächen meidet das Birkhuhn dichte Wälder wie beispielsweise den geschlossenen subalpinen Nadelwald. Birkwild ist standorttreu und bewohnt das ganze Jahr über denselben Lebensraum.

Die wesentlichen Merkmale eines günstigen Lebensraumes in den Alpen sind:

- halboffene Landschaften mit lockerem Baumbestand,
- hügeliges Gelände mit weiten Hängen,
- gute Strukturierung des Geländes (Steilhänge, Stufen, Felsbänder etc.),
- reichhaltige Kraut- und Zwergstrauchschicht,
- Nadel- (Lärche, Latsche, Zirbe, Fichte, Wacholder) und Laubhölzer (Birke, Weide, Erle, Eberesche) als Winteräsung und
- Schneesicherheit.

Diese Bedingungen findet das Birkhuhn in der Krummholzregion, an Moorrändern und Sumpfgebieten mit lockerem Baumbestand, auf Almwiesen sowie teilweise auch in stark aufgelichteten, abwechslungsreichen Wäldern. Da das Birkhuhn recht anpassungsfähig ist, kann es auch kurzlebige Freiflächen (Brandflächen, große Schlag- oder Windwurfflächen) vorübergehend be-

Birkhühner sind weitgehend auf Offenflächen angewiesen. © A. Deutz

wohnen. Wachsen diese Lebensräume zu, wandert das Birkwild ab, falls es im Umkreis von rund zehn Kilometern noch geeignete Lebensräume gibt. Ansonsten kann eine Birkhuhnpopulation in wenigen Jahren verschwinden.

Die Standorttreue des Birkwildes setzt die Ausstattung des Lebensraumes mit sämtlichen Strukturen, die das Birkhuhn im Jahresverlauf braucht, voraus: Das Gelände des jahre-, oft jahrzehntelang genutzten Balzplatzes muss großflächig überschaubar sein. Balzplätze sind offene, trockene, flache Stellen mit sehr niedriger Bodenvegetation. Der Neststandort muss wie bei allen Bodenbrütern durch eine strukturreiche Nestumgebung ausreichend geschützt sein. Im Gegensatz zum Balzplatz ist hier die Bodenvegetation höher (etwa kniehoch). Das Gebiet für die Aufzucht der Gesperre (Jungvögel) benötigt eine Vegetationshöhe von 10 bis 40 cm. Die Arealgröße für Birkhühner wird mit mindestens 90 ha Zwergstrauchfläche angegeben. ZEILER (2004) gibt für das Jahresstreifgebiet eines Vogels 100 bis 350 ha an, für ein sog. „Kerngebiet" innerhalb dieses Streifgebietes 10 bis 50 ha und für das Kerngebiet einer Balzgruppe zwischen 25 und 75 ha.

Negative Auswirkungen auf den Lebensraum der Birkhühner haben:

- der Verlust von offenen Flächen durch das Auflassen von Almen,
- das Ansteigen der Waldgrenze und Aufforsten an der Waldgrenze,
- die Ausbreitung des Pfeifengrases sowie
- der Verlust von Moorflächen.

Darüber hinaus stellt die gebietsweise ganzjährige Nutzung der Lebensräume durch Schifahrer, Schitourengeher und Wanderer eine Störung bzw. einen Stressfaktor dar. Durch den Variantenschilauf kommt es zu oft unbemerkten Birkwildverlusten durch energieraubendes Aufscheuchen oder durch Verschütten in Schneehöhlen. Auch Pistengeräte oder das Absprengen von Lawinen können Verluste fordern.

Untersucht wurde der Einfluss des prognostizierten Klimawandels auf das Birkwild im Untersuchungsgebiet Niedere Tauern (Steiermark). Die aufgestellten Hypothesen sind aber sinngemäß auf den gesamten Ostalpenraum umzulegen.

Die Berechnungen ergaben, dass in den nächsten Jahrzehnten der gut geeignete Lebensraum für Birkwild im Untersuchungsgebiet um 98 % und der temporär mögliche Lebensraum um 99 % abnehmen

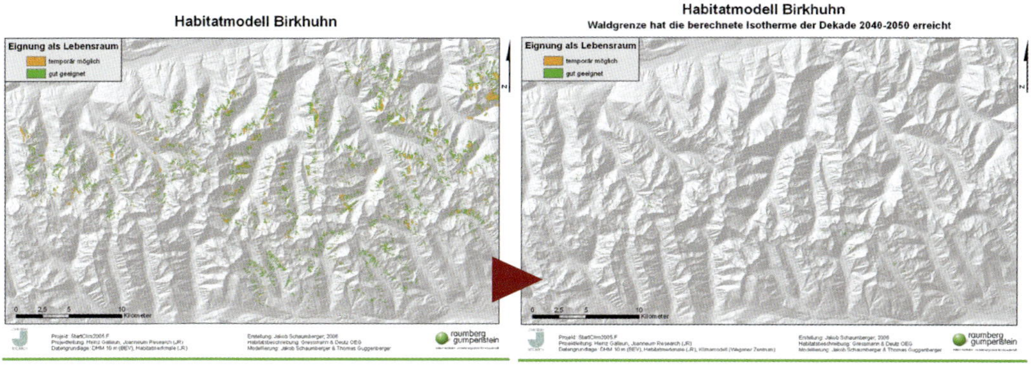

Aktuelle (links) und zukünftige (rechts) Lebensraumeignung für Birkwild in den Niederen Tauern unter Annahme des Ansteigens der Waldgrenze aufgrund des Klimawandels. Quelle: Projekt StatClim2005.F

werden. Dies würde bedeuten, dass das derzeit flächendeckende Vorkommen des Birkwildes im Untersuchungsgebiet bei einem temperaturbedingten Ansteigen der Waldgrenze und ohne Gegenmaßnahmen auf einige wenige inselartige Vorkommen zusammenschmelzen wird.

Zum ausführlichen Projektbericht des StartClim-Projekts 2005 „GIS-gestützte Ermittlung der Veränderung des Lebensraumes alpiner Wildtierarten (Birkhuhn, Schneehuhn, Gamswild, Steinwild) bei Anstieg der Waldgrenze aufgrund Klimaveränderung"

Mögliche Strategien

Wirksame Gegenstrategien und Maßnahmen gegen eine Verschlechterung der Lebensbedingungen von Wildtieren im Alpenraum und eine Zunahme von Krankheiten bei Wildtieren bei erhöhtem Infektionsdruck sowie Schadensdruck auf die Waldvegetation können nur erfolgreich sein, wenn sie interdisziplinär angestrengt werden.

Seitens der **Forstwirtschaft** werden das Schwenden, ein Waldgams-Verbiss-Schutz und die Schadensanfälligkeit der Wälder angesprochen.

Seitens der **Jagd** geht es u. a. um eine nachhaltige Abschussplanung bei Gams- und Steinwild unter Berücksichtigung der aktuellen Fallwildraten, einen besseren Altersklassenaufbau (ausreichend alte, erfahrene Tiere = Erfahrungsträger), die Erhaltung einer möglichst großen genetischen Breite (kein Abschuss nach engen Selektionskriterien, da es zukünftig vielleicht gegenüber den heute vorwiegend auftretenden Genvarianten andere brauchen könnte, um sich besser auf geänderte Umweltbedingungen einstellen zu können), frühzeitige Abschusserfüllung und Schwerpunktbejagung auf Wildschadensflächen (hat auch Vergrämungseffekt).

Aus **veterinärmedizinischer** und **wildbiologischer Sicht** wäre es im Zusammenhang mit Wildkrankheiten wichtig, effiziente Informationssysteme über Wildbestände, auftretende Krankheiten und jagdliche Eingriffe einzurichten, erkrankte und verdächtige Tiere verstärkt zu untersuchen, Wildbestände an den jeweiligen (Winter-) Lebensraum anzupassen, die Freizeitnutzung zu lenken, den Jagddruck im Winter zu reduzieren und Wildruhezonen einzurichten.

Aus **landwirtschaftlicher Sicht** werden u. a. Auf- und Abtriebszeitpunkte von Weidevieh, der Dichte der Bestoßung der Almflächen, Entwurmung von Weidevieh, Düngungsmanagement, Maßnahmen gegen das Zuwachsen von Almflächen durch Ansteigen der Waldgrenze und das Förderwesen diskutiert.

Bei der **Ausbringung von Gülle** sind besonders in Hochlagen neben klassischen Düngungsfragen auch hygienische Mindeststandards zu beachten. Im Zusammenhang mit der Zunahme von (chronischem) Botulismus, Clostridiosen und dem Auftreten Antibiotika-resistenter Keime auch bei Wildtieren wird Gülle diskutiert. Ebenso tauchen diese Fragen bei der Bekämpfung von Tuberkulose und Paratuberkulose oder vom Großen Leberegel auf. Die von der EU-Expertenkommission erarbeiteten Richtlinien für die Gülleanwendung sollen das hygienische Restrisiko minimieren. Grundsätzlich gilt Gülle so lange als hygienisch unbedenklich, solange im Bestand keine anzeigepflichtigen Seuchen wie Brucellose, Tuberkulose, Paratuberkulose, Maul- und Klauenseuche oder Schweinepest auftreten. So sehen die „Interim Minimum Guidelines" für Gülleanwendung vor, dass eine Anwendung bei Ackerfrüchten (Ausnahme: zum Rohverzehr bestimmte Früchte) und auf Grünland für Heu bzw. Silagebereitung immer möglich ist. Auf Weideland ist vor Ausbringung mindestens eine 60 Tage lange Lagerung der Gülle im Sommer bzw. 90 Tage im Winter und nach Ausbringung 30 Tage Schutzfrist vor der Beweidung mit Tieren einzuhalten. Diese „30 Tage Schutzfrist vor der Beweidung mit Tieren" kann natürlich auf das unkontrollierte Beäsen dieser gedüngten Flächen durch Wildtiere nicht überprüft bzw. eingehalten werden und birgt daher ein entsprechendes Restrisiko z. B. für eine Übertragung von Infektionskrankheiten wie Paratuberkulose.

KLIMAWANDEL UND PARASITOSEN

Parasiteneier und -larven sowie Zwischenwirte von Parasiten sind bereits in größeren Höhen nachweisbar. Sie profitieren von höheren Jahresdurchschnittstemperaturen durch kürzere Entwicklungszeiten und damit einigen zusätzlichen Generationen pro Jahr. In diesem Zusammenhang finden wir beispielsweise vermehrt eitrige Lungenentzündungen bei Gamswild in der Folge des Befalles mit Kleinen Lungenwürmern. Im Juli 2011 wurde erstmals klinisch Babesiose, eine durch Zecken übertragene Blutparasitose, als Verendensursache bei Gamswild (auf 1.500 m Seehöhe!) nachgewiesen.

Unterhautparasiten nehmen zu

Bei Haus- und Wildwiederkäuern sind in den letzten Jahren Zunahmen des Befalles mit Haut- und Unterhautparasiten zu beobachten. Parasiten (Fadenwürmer) verursachen die so genannten „Sommerwunden" beim Rotwild. Die Wunden heilen im Herbst wieder weitgehend ab. Zumindest in der Steiermark und in Kärnten nahm diese Hautkrankheit in den letzten Jahren deutlich zu, was möglicherweise auch klimatische Ursachen hat.

Sommerwunden sind parasitär bedingte chronische Hautwunden, die i. d. R. im Herbst wieder abheilen und die bislang hauptsächlich vom Rind bekannt waren. Die Hautveränderungen treten überwiegend im Bereich der Hinterläufe, Seitenbrust und -bauch und im Oberschenkelbereich auf. Sie sind zunächst nur erbsengroße, nässende Knötchen und später bis mehrere Zentimeter große, runde oder ovale, 1 bis 2 mm erhabene, leuchtend rote und dauernd nässende Wunden. Diese Wunden treten im Mai/Juni auf und heilen im Oktober/November unter Krustenbildung wieder ab. Von Rindern ist bekannt, dass Sommerwunden bei den befallenen Tieren im nächsten Jahr wieder auftreten können.

Verursacher sind Gewebewürmer der Gattung *Stephanofilaria*, die bis zu 1 cm lang werden und in der Haut leben. Die Entwicklungsstadien (Mikrofilarien) sind ca. 0,05 mm groß und werden vermutlich durch Fliegen und stechende Insekten übertragen, wobei ihre Entwicklung und Übertragung noch nicht vollständig geklärt ist. Durch den oft starken Juckreiz und Fliegenanflug an den nässenden Wunden sind die Tiere dauernd beunruhigt.

Die Fadenwurmart *Parafilaria bovicola*, der Erreger der Parafilariose, ist ein Parasit des Unterhautbindegewebes bei Rindern. Die Parafilariose ist in Südeuropa bekannt und in Schweden vermutlich durch Tierimport eingeschleppt worden. Aus Mitteleuropa lagen bisher nur vereinzelte Berichte vor (Bayern, Südösterreich), meist bei Importtieren. Als Überträger dieser Filarienart gilt die Stallfliege (*Musca autumnalis*).

Eine Reihe von Filarienarten parasitieren bei Rindern und führen weltweit zu wirtschaftlichen Einbußen durch verminderte Qualität des Schlachtkörpers und des Leders. Die Funde von Parafilarien in Rinderherden in Bayern und in Südösterreich weisen auf eine mögliche Etablierung dieser Parasitenart in Mitteleuropa hin.

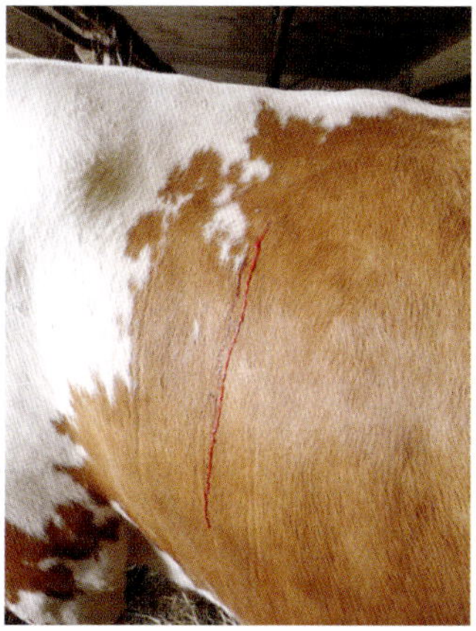

„Sommerwunden" beim Rotwild (links) oder Parafilariose („Blutschwitzen") beim Rind (rechts) sind parasitär bedingt und nahmen in den letzten Jahren zu bzw. traten neu auf. © A. Deutz

Parasiten, Klimawandel und Seehöhe

Die freilebenden Stadien der wichtigsten Magen-Darmparasiten von Wiederkäuern stellen jegliche Weiterentwicklung unter 5 °C ein. Steigt die Temperatur im Frühjahr an, werden die Parasitenstadien wieder aktiv. Bei 7 °C dauert es fünf Wochen, bei 9 °C drei Wochen und bei 15 °C nur etwa neun Tage bis aus den mit der Losung (Kot) ausgeschiedenen Eiern eine infektionsfähige Larve heranwächst (PROSL, 2008). Steigende Temperaturen führen dazu, dass mittlerweile eine Parasitenentwicklung bereits auf Seehöhen von über 2.000 m Seehöhe stattfinden kann und dass sich durch die raschere Entwicklung der Infektionsdruck mit Parasiten bis zum Herbst hin deutlich erhöht.

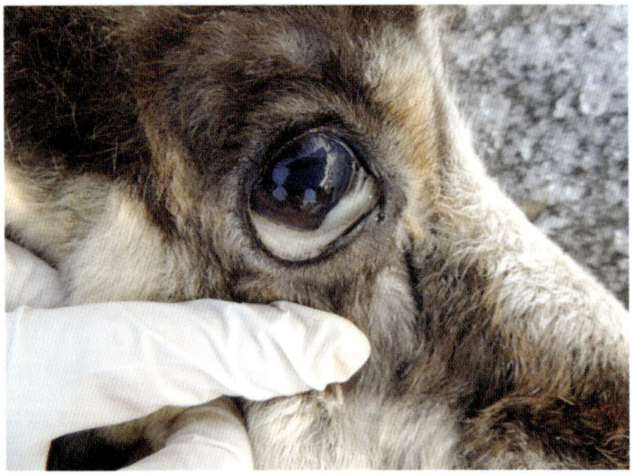

Parasitär bedingte Blutarmut (siehe blasse Lidbindehaut) beim Gams © A. Deutz

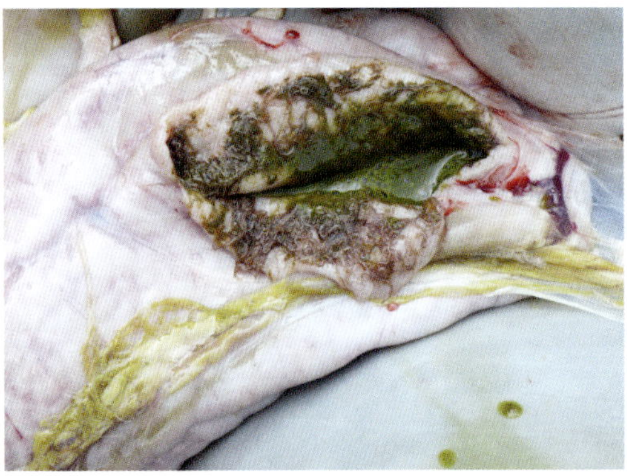

Der Rote Magenwurm (Massenbefall in eröffnetem Labmagen), ein ehemaliger „Flachlandparasit", kommt mittlerweile schon bis rund 2.500 m Seehöhe vor! © A. Deutz

Besonders **überraschend bei eigenen Untersuchungen in den Hohen Tauern (Region Großglockner) war der Nachweis des Roten Magenwurmes** (*Haemonchus contortus*) bis rund 2.500 m Seehöhe. Er ist in der Außenwelt wärmeliebend und hatte beim Gamswild in alpinen Lebensräumen in früheren Jahrzehnten noch keine Bedeutung. Mittlerweile verursacht dieser Parasit regional erhebliche Ausfälle bei Gamswild, was möglicherweise auch mit der erst kurzen Koevolution zwischen Wirt und Parasit und Problemen mit der Immunabwehr zusammenhängen könnte. Der rote Magenwurm lebt im Labmagen von Wild- und Hauswiederkäuern, ernährt sich von Gewebeteilen und saugt Blut aus der Labmagenschleimhaut. Dadurch kommt es zu großen Blutverlusten und Blutarmut (Anämie). So nehmen 1.000 Würmer rund 50 ml Blut pro Tag auf. Der Magenwurmbefall führt häufig zu schweren klinischen Erkrankungen und plötzlichem Verenden. Bei der Sektion zeigen erkrankte Tiere blasse, blutarme Organe, Milzvergrößerung, Flüssigkeitsansammlung in Brust- und Bauchhöhle sowie rotes Knochenmark.

Zunehmend werden auch eitrige Lungenentzündungen bei Gamswild in der Folge des Befalles mit Kleinen Lungenwürmern und sich sekundär aufpfropfenden bakteriellen Lungenentzündungen diagnostiziert. Neben der Temperatur ist die Feuchtigkeit in der Losung und in deren Umfeld ein wesentlicher Faktor für die Entwicklung von Para-

Hochgradiger Durchfall bei einem abgemagerten Schaf mit Magen-Darmwurmbefall auf rund 2.000 m Seehöhe. © A. Deutz

siten. Auch hier gilt, dass Feuchtigkeit und Nässe in Zusammenhang mit geeigneten Temperaturen das Überleben der Parasiten begünstigen. Trockenheit und hohe Temperaturen töten parasitäre Stadien ab, ebenso wie direkte UV-Bestrahlung. Das Ansteigen der Waldgrenze mit zunehmendem Schattenwurf der Bäume sowie höherer Bodenvegetation führen dazu, dass weniger UV-Licht auf Parasiten und ihre Entwicklungsstadien in der Losung einwirken kann und diese somit länger infektiös bleiben.

Derzeit gibt es noch keine exakten Erkenntnisse über das Vorkommen von Endoparasiten bei Wildtieren abhängig von der Höhenlage. Empirisch wurde jedoch erkannt, dass Parasiten wie der Große Leberegel, Labmagen-Dünndarm-Trichostrongyliden oder Lungenwürmer bei Wildwiederkäuern zunehmend in höheren Lagen vorkommen. Im Rahmen aktueller Projekte werden im Zuge der Probenahmen auch die jeweiligen Seehöhen miterfasst, um zukünftig bei anzunehmender weiterer Erhöhung der Jahresdurchschnittstemperatur eine Verschiebung der vorkommenden Parasitenspezies sowie ein Ansteigen des Parasitendruckes in höheren Lagen beweisen zu können oder dies schon aktuell zu bestätigen. Im Zusammenhang mit den parasitologischen Untersuchungen wurden folgende Höhenstufen unterschieden: bis 1.500 m, 1.500 bis 2.000 m, 2.000 bis 2.500 m und über 2.500 m.

In der Interpretation der bisherigen Befunde muss davon ausgegangen werden, dass es im Zuge des Klimawandels, besonders in feuchtwarmen Jahren mit zeitigem Frühjahr und verzögertem Winterbeginn und in schattigen Habitaten, zu einem deutlich gesteigerten Infektionsrisiko selbst in Höhenlagen von deutlich über 2.000 m Seehöhe kommen wird.

Blutparasiten

Zur **Babesiose** bei Wildwiederkäuern liegen eingehende aktuelle Untersuchungen aus der Schweiz vor. Michel et al. (2014)

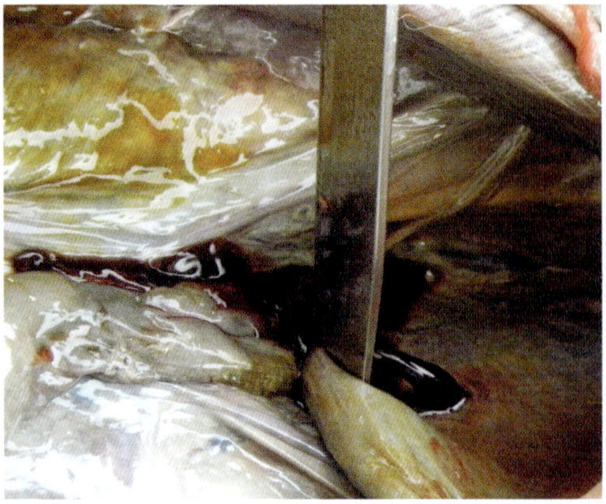

Blutiger Harn aus der Harnblase eines Gamsbockes nach Infektion mit Blutparasiten. © A. Deutz

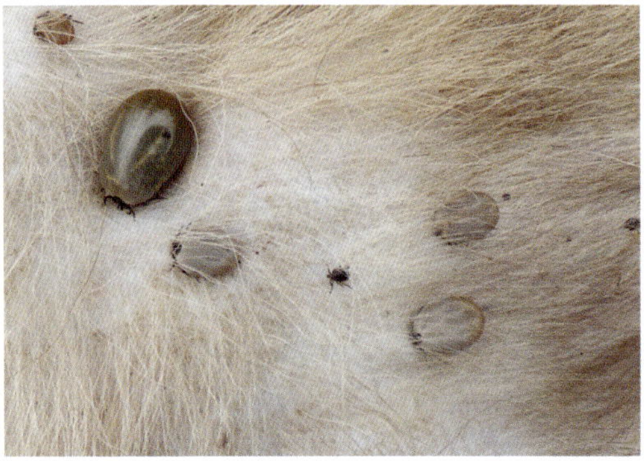

Starker Zeckenbefall an einer Gämse. © A. Deutz

untersuchten die Rolle von Wildwiederkäuern als Wirte dieser zeckenübertragenen Parasitose. In 11 % von insgesamt 984 untersuchten Blutproben von Reh-, Rot-, Gams- und Steinwild aus der Schweiz konnten verschiedene Babesien (*B. divergens, B. capreoli, Babesia* sp. EU1, *Babesia* sp. CH1 und *B. motasi*) nachgewiesen werden. Bei fünf Tieren wurden zwei verschiedene Spezies detektiert. Bei Reh- und Rotwild waren die Nachweise signifikant häufiger, ebenso gelangen mehr Nachweise in niedrigeren Lagen und bei Jungtieren. Mit dem Ansteigen der Temperaturen und damit der Zecken, ist zukünftig sicherlich mit häufigeren Nachweisen bei Gams- und Steinwild zu rechnen, wie auch im Untersuchungsgebiet bei einem Fall in Judenburg (Steiermark) auf einer Seehöhe von 1.500 m nachgewiesen. Dieser Fall, übrigens der erste beschriebene klinische Fall bei Gamswild in Österreich, ist ein deutliches Zeichen des stattfindenden Klimawandels und seiner Auswirkung auf Krankheitserreger und Krankheitsüberträger (hier Zecken). Glaubte man vor wenigen Jahrzehnten noch, dass von Zecken übertragene Krankheiten lediglich bis zu einer Seehöhe von rund 1.000 m relevant seien, müssen wir heute davon ausgehen, dass diese Krankheiten bereits in deutlich höheren Lagen vorkommen, was infektionsgefährdete Gebiete wesentlich ausdehnt (Schebeck et al. 2014). In Bruck a. d. Mur und Murau (Steiermark) ereigneten sich Fälle von Babesiose bei Rindern auf ca. 1.700 m Seehöhe.

Vorsicht „Gamsblindheit"

Beispielhaft für einen u. a. ebenfalls mit Klima-/Witterungsfaktoren zusammenhängenden Ausbruch einer bakteriellen Infektionskrankheit sei ein Seuchenzug von **Gamsblindheit** (Infektiöse Keratokonjunktivitis, Erreger: *Mycoplasma conjunctivae*) in den Niederen Tauern (Steiermark) im Jahre 2006 mit über 80 gemeldeten Fällen (mit sicherlich hoher Dunkelziffer an nicht gefundenen Tieren) angeführt. Wenn man berücksichtigt, dass die Gamsblindheit überwiegend durch Fliegen übertragen wird und dass noch bis Ende November/Anfang Dezember 2006 bis auf 2.000 m Seehöhe beobachtbar waren, wird klar, dass der Zeitraum für mögliche Infektionen klimatisch bedingt deutlich verlängert war. Gamsblindheit ist übrigens auch auf den Menschen übertragbar.

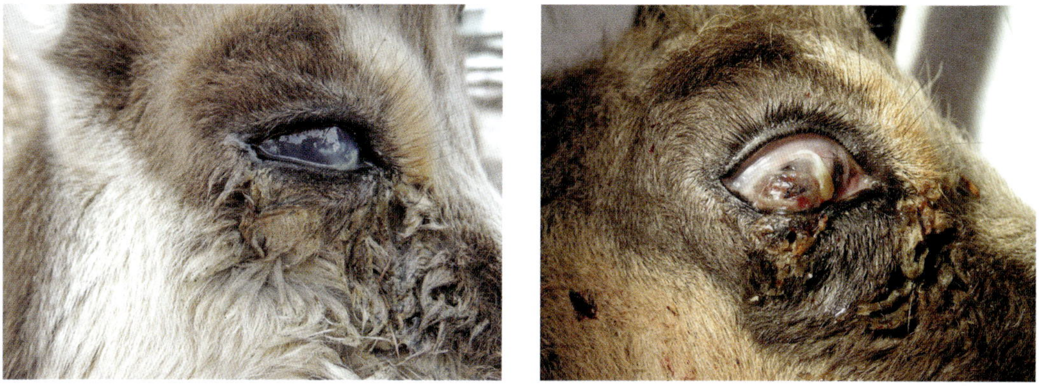

Am seuchenhaften Ausbruch der Gamsblindheit sind Fliegen mitbeteiligt – damit spielt die Umgebungstemperatur eine große Rolle. © A. Deutz

Vorbeuge und Kontrolle

Gemäß dem Spruch „Vorbeugen ist besser als Heilen" ist es möglich, das Infektionsrisiko und den Infektionsdruck innerhalb von Wildtierpopulationen zu senken.

Dies geschieht durch:

- Verbesserung des Lebensraumes,
- Anpassung des Wildstandes an den Lebensraum und
- seuchensicheres Entfernen krankheitsverdächtiger oder kranker Tiere.

Eine laufende Kontrolle der Wildtiergesundheit sollte über die regelmäßige Untersuchung von Fallwild und durch Stichprobenuntersuchungen bei Tieren ohne auffällige Krankheitssymptome erfolgen. Eine intensive und fachkundige Auseinandersetzung der Jäger mit den Themen „Wildtiergesundheit und Wildbretqualität" sowie eine entsprechende Verantwortung für Wildpopulationen wird zukünftig eines der Hauptargumente für die Aufrechterhaltung der Jagd in annähernd gewohnter Art und Weise darstellen.

ZECKEN ALS KRANKHEITSÜBERTRÄGER

Zecken sind neben Stechmücken in Mitteleuropa die bedeutendsten Überträger von Krankheitserregern (Viren, Bakterien und Parasiten) auf Mensch und Tier. Der Klimawandel hat auch Einflüsse auf die Ökologie und Verbreitung dieser Vektoren, was allein an der zunehmenden Verbreitung von Zecken in Hochlagen erkennbar ist. Zusätzlich ist mit dem Auftreten von bislang in Mitteleuropa nicht vorkommenden Zeckenarten zu rechnen.

„Alte" und „neue" Zeckenarten

Neben dem allseits bekannten Gemeinen Holzbock (*Ixodes ricinus*) vergrößern sich derzeit die Verbreitungsgebiete der Auwaldzecke, der Lederzecke und von Hyalomna-Zecken vor allem durch den Klimawandel.

Lederzecken der Art *Hyalomna marginatum* haben in der BRD und in **Österreich** in 2018/19 erstmals überwintert. Diese Zeckenart kann das Krim-Kongo-Fieber auf den Menschen übertragen. Weitere auf Mensch und Tier übertragene Infektionskrankheiten sind Borreliose, Frühsommer-Meningoenzephalitis (FSME), Babesiose oder auch Tularämie. Die Verbreitung der weltweit rund 850 Zeckenarten ist vor allem von Witterungsfaktoren wie der Temperatur und Luftfeuchtigkeit abhängig. In trockenen Gebieten, die zukünftig noch weniger Niederschläge haben werden, wird vermutlich das Infektionsrisiko durch einige Zeckenarten **rückläufig sein, in anderen Gebieten deutlich zunehmen.** Weiters sind Zecken auf geeignete Wirtstiere angewiesen, deren Verbreitungsgebiete jedoch ebenfalls klimaabhängig sind. Schildzecken werden rund fünf Jahre alt, Lederzecken sogar bis zu zehn Jahre.

Zum ausführlichen Projektbericht des StartClim-Projekts 2005 „Untersuchung zur Verbreitung der Tularämie unter dem Aspekt des Klimawandels"

a b c

In Österreich sind bisher 18 heimische Zeckenarten nachgewiesen. Das sind die häufigsten: (a) Gemeiner Holzbock (95 %), (b) Auwaldzecke und (c) Reliktzecke © M. Schebeck

Mittlerweile ist ein Vordringen des Gemeinen Holzbockes bis in den Norden Skandinaviens und Weißrusslands festzustellen, in unseren Breiten bis in Seehöhen zwischen 1.500 und 1.700 m. In Skandinavien leiden besonders Elche unter dem vermehrten Zeckendruck. Für dieses Vordringen sind die milderen Winter mit einer geringen Anzahl von Tagen mit unter –12 °C verantwortlich. Es ist auch belegt, dass Zecken bei höheren Wintertemperaturen im Winter aktiv bleiben und auf Wirtssuche gehen. Unter 6 bis 7 °C ziehen sich Zecken in die oberen Bodenschichten (Streuschicht) zurück und verweilen dort inaktiv, um sich vor Kälte zu schützen. In extrem milden Wintern kann die Winterruhe vollkommen ausfallen.

In Österreich konnte eine vertikale Verschiebung der Zeckenvorkommen um bis zu 400 Höhenmeter in ca. 30 Jahren beobachtet werden. Neben der vertikalen Verschiebung der Verbreitungsareale von Zecken konnten in den letzten Dekaden auch Veränderungen im Auftreten von Krankheitserregern mit der Seehöhe beobachtet werden. Bei Untersuchungen zur Prävalenz (Vorkommen) von *Borrelia burgdorferi* im Gemeinen Holzbock (*I. ricinus*) die höchsten Nachweise von Borrelien in der Steiermark bei 1.350 m Seehöhe (Stünzner et al., 2006) festgestellt. Selbst diagnostizierte Fälle von Babesiose (zeckenübertragenen Blutparasitose) bei Rindern und Gamswild, lagen bereits auf Seehöhen zwischen 1.400 und 1.700 m.

Biologie der Zecken

Zecken leben in Bodennähe, sie lauern auf Säugetiere, Vögel und auch auf den Menschen. Zecken benötigen für ihre Entwick-

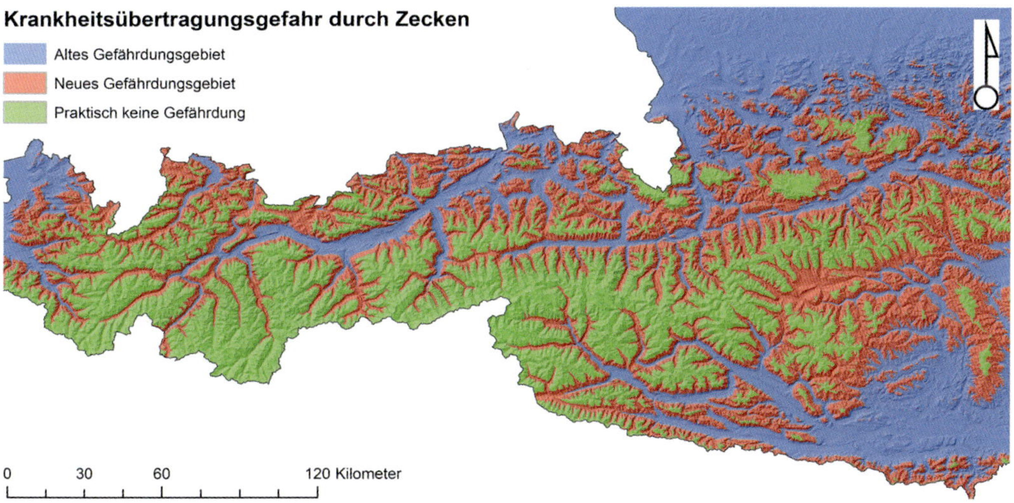

An dieser Übersichtskarte des österreichischen Alpenraumes sind Gebiete bis 1.000 m Seehöhe blau (= Zeckenrisikogebiete bis vor ca. 25 Jahren), zwischen 1.000 und 1.700 m rot (= mittlerweile zusätzliche Risikogebiete) und über 1.700 m grün dargestellt. Es zeigt sich: Risikogebiete für zeckenübertragene Krankheiten haben sich in den letzten Jahrzehnten deutlich vergrößert!
Quelle: Th. Guggenberger/HBLFA Raumberg-Gumpenstein

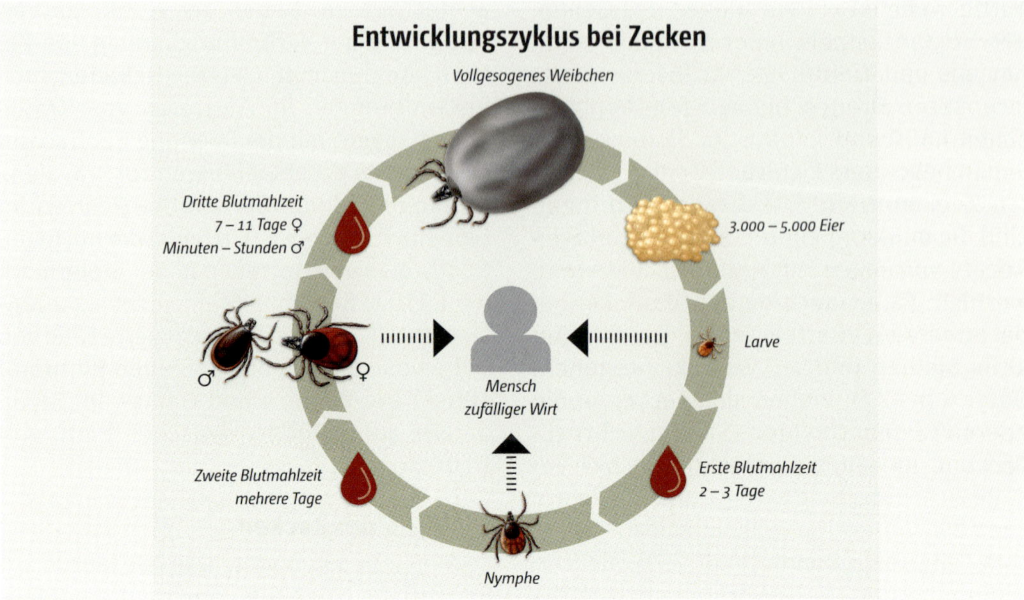

Entwicklungszyklus von Zecken — Quelle: Grafik Piculin

lung Temperaturen über 5 °C in Bodennähe. In unseren Breiten sind vor allem verschiedene Arten von Schildzecken relevant. Schildzecken sind temporäre Ektoparasiten von Wirbeltieren und dem Menschen, sie nehmen in jedem Entwicklungsstadium (Larve, Nymphe und Imago) nur eine Blutmahlzeit zu sich und befinden sich dadurch nur eine kurze Phase ihrer ein- bis mitunter mehrjährigen Entwicklung auf einem Wirt. Zeckenweibchen können dermaßen große Mengen an Blut zu sich nehmen, dass ihre Körpergröße bis um den Faktor 200 vervielfacht werden kann. Alle mitteleuropäischen Schildzecken sind Dreiwirtzecken, das bedeutet, dass jedes Stadium auf einem anderen Wirt parasitiert, was das Risiko einer Krankheitsübertragung vergrößert. Nach der Blutaufnahme lassen sie sich zu Boden fallen und häuten sich zum nächsten Stadium, woraufhin die nächste Wirtsbesiedlung erfolgt. Die Wirtssuche erfolgt in bodennahen Vegetationsschichten. Ein Zeckenweibchen legt zwischen 2.000 und 3.000 Eier ab und stirbt danach.

Zecken entdecken ihre Wirte mit Hilfe eines spezifischen Organs, dem Haller'schen Organ, das sich am letzten Tarsalglied der Vor-

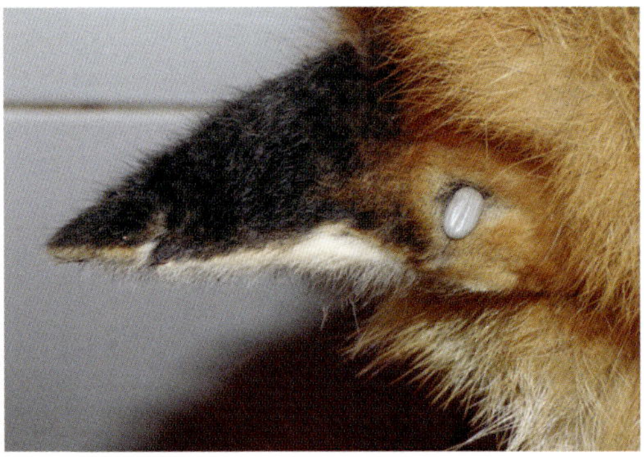

In milden Wintern können Zecken durchgehend Tiere und Menschen besiedeln – Beispiel: Zecke am Ohr eines Fuchses, 7. Jänner 2015, St. Blasen (Seehöhe ca. 1.050 m) © A. Deutz derbeine befindet. Damit werden Veränderungen der Temperatur, des Kohlendioxid-, des Ammoniak- und des Milchsäuregehalts sowie der Luftfeuchte festgestellt. Nach Besiedelung des Wirtes erfolgt die Aufnahme von Blut und/oder Gewebsflüssigkeit durch stechend-saugende Mundwerkzeuge einerseits und die Abgabe von Speichel andererseits. Gemeinsam mit dem Speichel werden gerinnungshemmende und anästhesierende Substanzen sowie unter Umständen Krankheitserreger in den Wirt abgegeben. Einige Krankheitserreger können sogar vom Zeckenweibchen über die Eier an nächste Zeckengenerationen übertragen werden.

Übertragene Krankheiten und Zeckenentfernung

In unseren Breiten übertragen Zecken vor allem Borreliose und FSME (Frühsommer-Meningoenzephalitis). Borrelien leben im Darm infizierter Zecken und werden durch die Blutmahlzeit aktiviert. Es dauert rund 24 Stunden, bis die Bakterien aktiviert sind und in den Wirt eindringen. Die beim infizierten Menschen typischen Hautrötungen (bei rund 70 % der Infizierten) werden beim Hund meist übersehen. Symptome sind Fieber, Müdigkeit oder Leistungsabfall, Lahmheit, Abmagerung oder neurologische Ausfallserscheinungen. Durch das rechtzeitige Entfernen der Zecken kann eine Borreliose-Infektion verhindert werden. Erreger der FSME werden innerhalb weniger Stunden auf den Wirt übertragen, bei Borrelien dauert es ein bis zwei Tage.

Wie um die Zecken selbst ranken sich auch um das Entfernen von Zecken einige Mythen. Das Beträufeln von Zecken mit Öl, Klebstoffen, Nagellack usw. führt nur dazu, dass Zecken im Kampf mit dem Ersticken noch Inhalt der Speicheldrüsen oder des Darmes in die Wunde abgeben (regurgitieren) und so noch den Wirt infizieren können.

So entfernen Sie Zecken richtig

- Entfernen Sie Zecken umgehend, denn je länger eine Zecke festgesaugt ist, umso höher wird das Infektionsrisiko.
- Weder Öl, Klebstoffe oder andere Flüssigkeiten auf die Zecke träufeln!
- Ergreifen Sie die Zecke mit einer Pinzette oder Zeckenzange knapp über der Haut und ziehen sie langsam unter gleichmäßigem Zug heraus. Achten Sie darauf, die Zecke möglichst nicht zu quetschen.
- Nach dem Entfernen sollten Sie die Wunde desinfizieren.
- Falls der Saugrüssel (Hypostom) oder auch der Kopf in der Wunde bleiben, führt das meist nur zu einer kurzfristigen leichten Hautentzündung. Im Zweifelsfall suchen Sie einen Arzt auf.
- Wenn Sie die Zecke aufbewahren, kann der Erreger noch differenziert werden.

KLIMAWANDEL UND INFEKTIONSKRANKHEITEN

Das Verbreitungsgebiet von Infektionskrankheiten bei Menschen und Tieren ändert sich mit dem Klimawandel. Das betrifft auch wechselweise zwischen Tieren und Menschen übertragbare Krankheiten, sogenannte Zoonosen, von denen wir heute rund 850 verschiedene Erreger (Viren, Bakterien, Pilze, Prionen) kennen. Von den neu entdeckten Krankheiten können rund 75 % zwischen Tieren und Menschen übertragen werden.

Mittlerweile ist in Mitteleuropa mit einigen neuen Tierseuchen zu rechnen. Diese Kuh starb an Rauschbrand.

Der Klimawandel kann einen direkten Einfluss auf die Verbreitung von Krankheiten haben, indem die Erreger bei höheren Temperaturen in der Umwelt länger überleben und auch einen höheren Infektionsdruck erzeugen. Indirekten Einfluss nimmt der Klimawandel auf jene Krankheitserreger, die über Vektoren (z. B. Zecken, Stechmücken) übertragen werden und wo deren Verbreitungsgebiet bzw. Populationsgrößen klimatisch beeinflusst werden. Erregerhaltige Zecken und Stechmücken sind bereits in größeren Seehöhen nachweisbar als noch vor zwei Jahrzehnten. Im Zuge von Hitzesommern ist es auch möglich, dass Vektoren wie Zecken darunter leiden, dafür aber Mückenarten – auch Arten, die bislang in Mitteleuropa nicht vorgekommen sind – davon profitieren.

ALTE UND „NEUE“ SEUCHEN

Entwicklungen der letzten Jahre haben bereits gezeigt, dass der Klimawandel sich auf das Auftreten von Tierseuchen ausgewirkt hat. Das betrifft sowohl nicht anzeigepflichtige als auch anzeigepflichtige Krankheiten und Seuchen. Anzeigepflichtige Seuchen bestimmen den Tiergesundheitsstatus eines Landes und haben auch enorme wirtschaftliche Bedeutung.

Bei den Infektionskrankheiten sind sowohl vektorübertragbare als auch nicht vektorüber-tragbare Krankheiten betroffen. Bei den vektorübertragbaren Krankheiten, wie Rifttalfieber, Afrikanische Pferdepest, Afrikanische Schweinepest, Krim-Kongo-Fieber, Westnilfieber oder die Blauzungenkrankheit finden die Überträger, meist Stechmückenarten, mittlerweile günstigere Bedingungen in Europa.

Tularämie – eine gefürchtete Zoonose breitet sich aus!

Im Rahmen eines interdisziplinären Projektes wurden im Zeitraum von 1994 bis 2005 insgesamt 271 Fälle von **Tularämie** bei Feldhasen aus Ost- und Südostösterreich erfasst und georeferenziert. Es sollten Gründe für das lokal häufige Auftreten der Krankheit analysiert werden. Vor allem mögliche Interaktionen zu Temperatur und Niederschlag wurden mit den lokalen Klimadaten geprüft (Deutz et al. 2009). Die räumliche Abgrenzung des Tularämie-Gebietes in Ost- und Südösterreich konnte über die Isolinien des Jahresniederschlages (unter 720 mm), des Sommerniederschlages (unter 180 mm), der Wintertemperatur (über 0,5 °C) und der Temperatur im Mai (über 14 °C) geführt werden. Ergebnis der ersten Beurteilungsstufe war die Ausweisung der warmen und trockenen Lagen Ostösterreichs als potenzielles Befallsgebiet. In der zweiten Stufe wurden die Wirkungsweisen von Temperatur und Niederschlag innerhalb des ausgewiesenen Befallsgebietes auf die Befallshäufigkeit im Beobachtungszeitraum untersucht. Es zeigte sich, dass die Wintertemperatur, die Temperatur im Mai sowie der Niederschlag im Juni und Juli den Großteil der jährlichen Schwankung in der Häufigkeit der Tularämiefälle erklären. In ihrer Wirkungsweise bilden diese Parameter die Entwicklung des Feldhasenbestandes (und der Mäusepopulationen) ab. Warme Winter führen zu starken Populationen. Treten im Mai kühle Temperaturen auf und

Links ein schwerkranker Feldhase, möglicherweise mit Tularämie, die leicht auf den Menschen übertragbar ist und tödlich enden kann! © J. Gasteiner

regnet es im Juni und Juli vermehrt, werden die Junghasen geschwächt. Dies fördert das Auftreten der Tularämie.

Für eine Prognose des Ausbreitungsgebietes der Tularämie im Jahr 2035 wurde eine Temperaturerhöhung zwischen 2 und 4 °C unterstellt. Unter diesen Bedingungen könnte sich die Tularämie aus dem östlichen Flachland langsam über das Donautal weiter in den Westen und über die Südsteiermark weiter in den Süden verbreiten. Zusätzlich wären Fälle in inneralpinen Gunstlagen möglich. Dies bedeutet, dass in den nächsten Jahrzehnten mit einer Ausweitung des potenziellen Tularämie-Verbreitungsgebietes (nach der Modellierung von 13 % auf 46,5 % der österreichischen Landesfläche) gerechnet werden muss. Mittlerweile sind auch tatsächlich schon Fälle in der Süd- und Südweststeiermark, rund 100 km vom ursprünglichen Verbreitungsgebiet der Tularämie entfernt, aufgetreten.

Zusammenfassend ist festzustellen, dass das Klima die Schlüsselgröße zur Erklärung der bisherigen Verbreitung der Tularämie ist und dass Grenzwerte für die einzelnen Klimagrößen benannt werden können. Die zu erwartende Erwärmung könnte zu einer massiven Ausweitung des potenziellen Tularämie-Verbreitungsgebietes führen und fordert entsprechende Aufklärung der Risikogruppen.

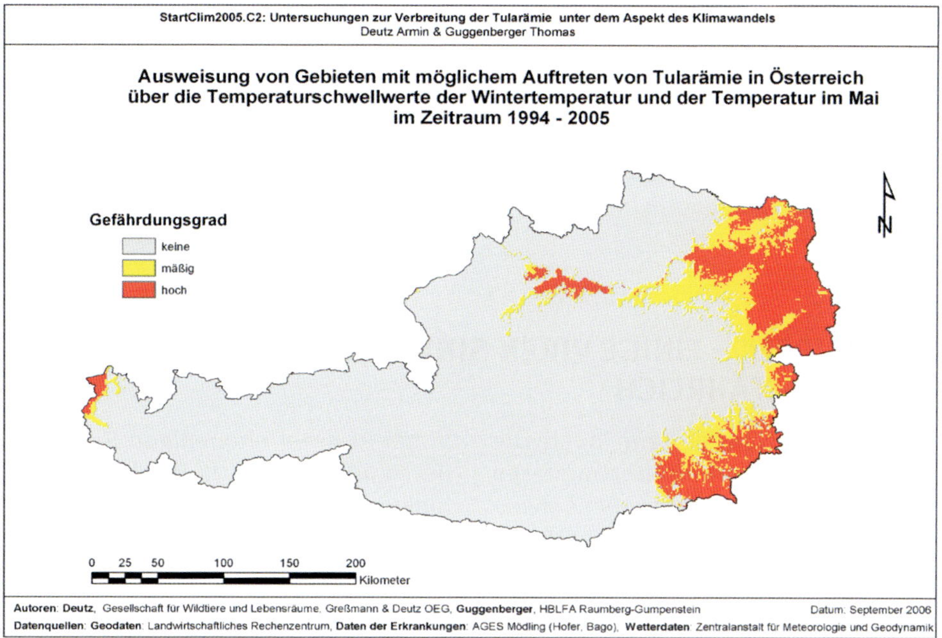

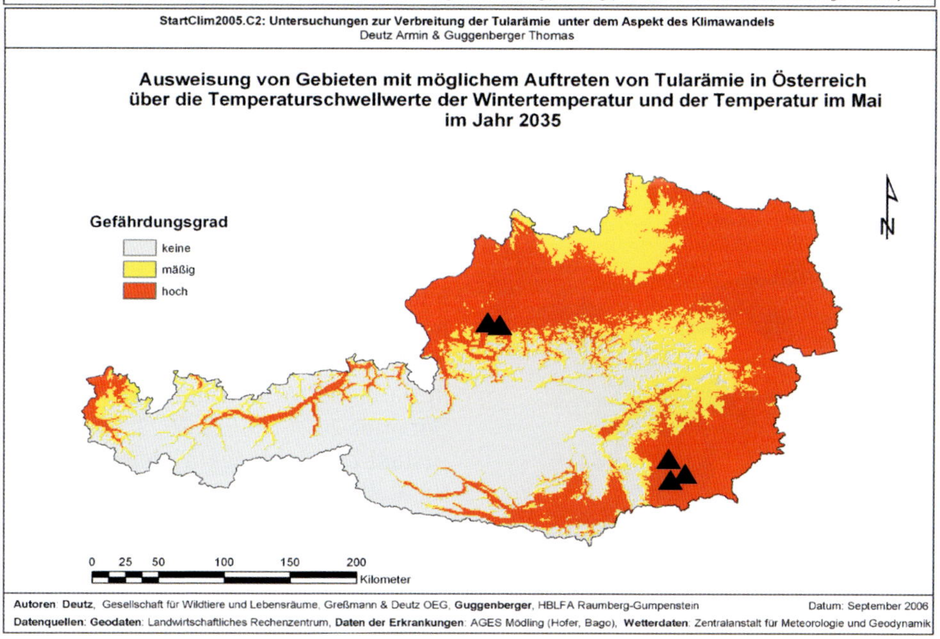

Mögliche Verbreitung der Tularämie im Zeitraum 1994 bis 2005 (oben) und mögliche Verbreitung der Tularämie bis ins Jahr 2035 sowie Gebiete mit bereits bestätigten Fällen aus den Jahren 2020 bis 2022 in Salzburg und in der Weststeiermark (schwarze Dreiecke). Im November 2023 wurde an einem Feldhasen der erste Tularämiefall in Kärnten bestätigt.

Tularämie

Tularämie, auch als Hasen- oder Hirschpest bezeichnet, ist eine bakterielle Infektionskrankheit, die vor allem bei wildlebenden Tieren, insbesondere Nagetieren, und gelegentlich auch bei Menschen auftritt.

Die Krankheit wird durch das Bakterium *Francisella tularensis* verursacht. Tularämie ist in der Regel behandelbar, insbesondere wenn sie frühzeitig erkannt wird. Die Standardtherapie erfolgt mit Antibiotika.

„VOGELGRIPPE" – EINIGE VIREN SIND FÜR DEN MENSCHEN GEFÄHRLICH

Durch den Klimawandel kann auch die Dynamik von nicht vektorübertragbaren Tierseuchen und Zoonosen (wechselweise zwischen Menschen und Tieren übertragbare Krankheiten), wie Infektionen mit Aviärer Influenza („Vogelgrippe"), durch Veränderungen der Zugvogelstrecken freilebender Wasservögel beeinflusst werden. Witterungs- und Klimafaktoren haben einen erheblichen Einfluss auf den Vogelzug. Infolge milderer Winter bleiben auch mehr Vögel in ihren ehemaligen Sommerquartieren oder werden zu Teilziehern. Darüber hinaus können Temperaturveränderungen die Viruspersistenz in der Umwelt, so auch im Wasser, beeinflussen. Steht weniger Wasser zur Verfügung, kommt es zudem zu größeren Ansammlungen von Tieren im selben Lebensraum, was wiederum den Infektionsdruck erhöht und eine anhaltende Erregerzirkulation begünstigt.

Wildlebende Wasservögel gelten als Reservoir für das Geflügelpestvirus („Vogelgrippe").
© A. Deutz

Die Geflügelpest-Saison 2021/2022 kam über den Sommer nie wirklich zum Erliegen. In einigen Seevogelkolonien an der Nord- und Ostsee oder auch am Bodensee kam es zu schweren Ausbrüchen mit hoher Sterblichkeit (Mortalität). Im Sommer 2022 wurde das Fünffache an Ausbrüchen in Hausgeflügelbetrieben gemeldet als im Sommer 2021 (AGES, 2023). Eine hohe Viruslast bei Wildvögeln steigert das Risiko für Ausbrüche beim Hausgeflügel, wie auch die Gefahr des Entstehens neuer (auch humanpathogener) Virusmutanten.

Erreger der Vogelgrippe (Aviäre Influenza oder Geflügelpest) sind Influenzaviren (= „Grippeviren"). Influenzaviren werden in die Typen A, B, C und D unterteilt. Als Folge von Genveränderungen entstehen ständig neue

Der Vogelzug und damit das Seuchenrisiko sind stark von Witterungs- und Klimafaktoren abhängig.
© A. Deutz

Virus-Varianten. Vogelgrippe wird durch das Influenzavirus A der Subtypen H5 oder H7 hervorgerufen. Insbesondere Hühner, Puten und zahlreiche Wildvögel können mit schwerem Krankheitsverlauf an Vogelgrippe erkranken. Enten, Gänse und einige Wildvogelarten zeigen keine oder nur milde Symptome, sind aber für die Seuchenverbreitung von Bedeutung. Wildlebende Wasservögel gelten als natürliches Erregerreservoir. Das Virus wird mit Kot, Speichel und Tränenflüssigkeit ausgeschieden. Bei starker Staubentwicklung ist auch die indirekte Ansteckung über die Luft möglich. Ein bis drei Tage nach einer Infektion ist mit Krankheitserscheinungen zu rechnen.

Menschen und Säugetiere (u. a. Schweine, Katzen, Hunde, Füchse, Dachse, Marder, Fischotter oder Nerze) können sich bei intensivem Kontakt mit infiziertem Geflügel ebenfalls mit Vogelgrippe-Viren infizieren. Bei Säugetieren verläuft eine Infektion mit diesen Viren oft symptomlos oder mit milden grippalen Symptomen. Die Infektion kann in Ausnahmefällen aber zu schweren und auch tödlichen Erkrankungen führen. Eine Übertragung durch Lebensmittel ist nicht möglich.

HANTAVIRUS-INFEKTIONEN BEIM MENSCHEN NEHMEN ZU

Hantaviren sind weltweit verbreitet. Ihre natürlichen Reservoire sind verschiedene kleine Säugetiere, jeder Virusstamm hat eigene Reservoirwirte. Das sind v. a. Rötel-, Gelbhals-, Brand- und Feldmäuse sowie Wanderratten, die das Virus oft lebenslang ausscheiden. Darüber hinaus wurden in den letzten Jahren Hantaviren in Spitzmäusen, Maulwürfen und Fledermäusen nachgewiesen. Die verschiedenen Serotypen haben unterschiedlich krankmachende Wirkung für den Menschen. Häufige Virusträger sind die Rötel- und Brandmaus.

Die Zahl der humanen Hantavirus-Infektionen ist im Sommer und Herbst am größten. Mäuse suchen einerseits durch hohe Mäusedichten, andererseits durch die niedrigeren Temperaturen und Nahrungsmangel die Nähe menschlicher Siedlungen, wodurch die Infektionsgefahr steigt. Die hohen Fallzahlen beim Menschen sind vermutlich auch durch Populationszunahmen bei Mäusen (Eichen- und Buchenmastjahre häufen sich durch höhere Temperaturen!) und Klimafaktoren bedingt. Ein weiterer Grund könnte in der zunehmenden Kenntnis der Ärzte über das durch Hantaviren verursachte Krankheitsbild und damit eine häufigere Diagnosestellung liegen. Jedenfalls sollte bei einem fieberhaften („grippalen“) Infekt mit Lungenentzündung oder Nierenfunktionsstörung bei gefährdeten Personengruppen an eine Hantavirus-Infektion gedacht und diese durch eine Blutuntersuchung abgeklärt werden.

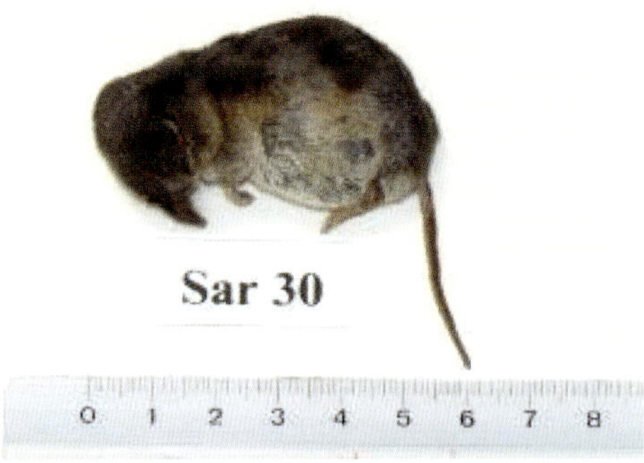

Auch aus Spitzmäusen (im Bild: Wasserspitzmaus aus Murau) konnten schon Hantaviren isoliert werden. © A. Deutz

Hantaviren werden von den Kleinsäugern über Speichel, Urin und Kot ausgeschieden und bleiben darin mehrere Tage, auch in getrocknetem Zustand, infektiös. Die Übertragung auf den Menschen erfolgt durch die Inhalation (Eintrittspforte Lunge) virushaltiger Aerosole (z. B. aufgewirbelter Staub), durch den Kontakt der verletzten Haut mit kontaminierten Materialien (z. B. Staub, Böden), Schmierinfektionen, über kontaminierte Lebensmittel oder durch Bisse. Bei Arbeiten (z. B. Putzen, Auskehren) in Alm- und Jagdhütten, Kanzeln, Holzlagern, Scheunen, Geräteschuppen oder Dachböden ist das Risiko besonders hoch. Eine Übertragung von Hantaviren von Mensch zu Mensch findet bei den in Europa und Asien vorkommenden Virustypen nicht statt. Personen, die sich in ihrer Freizeit oder aus beruflichen Gründen in den Lebensraum der Rötel- oder Brandmaus begeben wie Jäger, Förster, Waldarbeiter, Landwirte, Soldaten und Camper haben ein erhöhtes Infektionsrisiko. Die Inkubationszeit beträgt zwei bis vier Wochen, in Ausnahmefällen zwischen fünf und 60 Tage.

Der in Nord- und Mitteleuropa vorherrschende Virustyp *Puumala* verursacht grippeähnliche Symptome und Nierenerkrankungen mit einer Sterblichkeitsrate von rund 0,5 %. In anderen Regionen kommen

Hütten, Holzlager oder geschlossene Kanzeln sind Infektionsorte für Hantavirus-Infektionen.
© A. Deutz

noch deutlich aggressivere Virusstämme vor. Das Virusreservoir für Hantaviren sind Mäuse, Wühlmäuse und Ratten, in denen die Infektion symptomlos verläuft. In eigenen Untersuchungen von Jägern, Tierärzten, Landwirten und Schlachthofarbeitern in Südösterreich waren bei 10 % der Jäger Antikörper nachweisbar, was Jäger als besondere Risikogruppe für Hantavirus-Infektionen ausweist. In Deutschland sind mehr als zwei Drittel der Erkrankten Männer, von diesen gehören wiederum mehr als die Hälfte der Altersgruppe der 30- bis 49-Jährigen an (RKI, 2020).

Der überwiegende Teil der Infektionen bleibt von den Betroffenen unbemerkt. Abhängig vom Virustyp unterscheidet man verschiedene schwere Krankheitsformen, bis hin zu lebensbedrohenden Verläufen mit Nierenbeteiligung und Lungenentzündung. Nach einer Inkubationszeit von zwei bis drei Wochen sind die ersten Anzeichen einer Hantavirus-Infektion ein typischerweise abrupter Krankheitsbeginn mit hohem Fieber (drei bis vier Tage), oft verbunden mit Erbrechen, Durchfall und Hautausschlägen (Gesicht, Hals, Schultern), begleitet von Kopf-, Augen-, Bauch-, Muskel- und Gliederschmerzen (grippeähnliche Symptome) sowie Lichtscheu, Sehstörungen, Rachenrötung und Husten. Später kommt es zu Flanken-, Rücken- und Unterleibsschmerzen, Schwindel, Erbrechen,

Proteinurie (Eiweiß im Harn), begleitet oft von Harnweginfektionen und Blutungen, Schockzuständen, blutigem Stuhl, sowie verminderter Harnausscheidung und Blutdruckabfall. Bei günstigem Verlauf treten nach rund zwei Wochen Polyurie (erhöhtes Harnvolumen) auf und dann eine Linderung der Symptome ein. Die Diagnose erfolgt mittels Antikörpernachweis aus dem Blut, die Behandlung beschränkt sich meist auf eine symptomatische Therapie.

„Typische“ Symptome bei Infektionen mit Hantaviren:

Das gemeinsame Auftreten mehrerer der folgenden Befunde weist auf eine mögliche Hantavirus-Erkrankung hin und sollte diagnostisch abgeklärt werden: Akuter Krankheitsbeginn mit Fieber › 38,5 °C, Rücken- und/oder Kopf- und/oder Bauchschmerzen, Proteinurie /Hämaturie (Eiweiß oder Blut im Harn) und spezifische Blutbefunde (wie Thrombozytopenie, Serumkreatinin-Erhöhung). Im Krankheitsverlauf wird zuerst wenig Harn abgesetzt (Oligurie), danach viel (Polyurie).

Vorbeugend kommt es in erster Linie darauf an, keinen infizierten Staub einzuatmen und keine kontaminierten Nahrungsmittel zu konsumieren. Besonders im Herbst ist es wichtig, menschliche Behausungen frei von Schadnagern zu halten. In nicht mäusesicheren (Jagd-)Hütten sollte man Lebensmittel und Abfälle in dicht verschlossenen Gefäßen lagern, Ess- und Kochgeschirr sofort abwaschen und Abfall rasch beseitigen. Arbeitsflächen, Tische und Böden sind bei Mäusevorkommen mit Desinfektionsmittel zu reinigen. Räume, in denen Mäuse auftraten, müssen vor der Reinigung gut gelüftet werden. Tote Mäuse, Mäusekot sowie Mäusefallen sollten vor dem Entfernen (Handschuhe tragen!) mit Desinfektionsmitteln

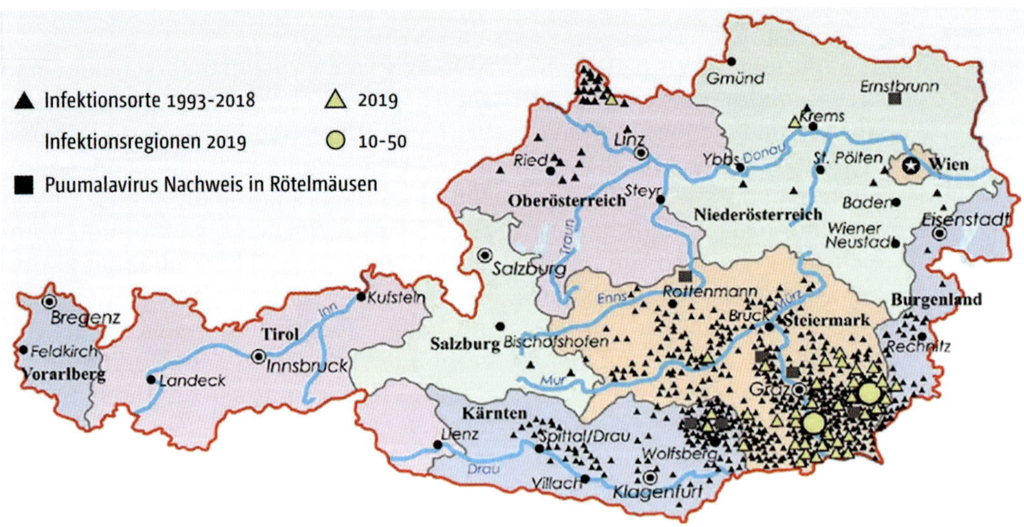

Hantavirus-Infektionen mit einer Häufung in der Steiermark und in Kärnten im Jahr 2019
Quelle: Zentrum für Virologie der Med. Universität Wien

benetzt werden. Holzstapel, Abfalleimer oder Heuballen sollten mindestens 30 m vom Haus entfernt sein und Müllbehälter dicht schließen, Speisereste nicht mit dem Hauskompost entsorgen. Weitere Vorbeugemaßnahmen wären eine strikte Trennung der Arbeitskleidung von der Alltagskleidung, die Verwendung von Atemschutz (FFP2-Masken), Handschuhen und ev. einer Schutzbrille beim (Hochdruck-)Reinigen von Räumen sowie die Vermeidung von Staubentwicklung beim Reinigen (Anfeuchten der Flächen), gründliches Händewaschen, keine Lagerung von Brennholz in Wohnräumen und eine rigorose Schadnagerbekämpfung in Gebäuden besonders im Herbst. Wichtig ist auch die sichere Aufbewahrung von Lebensmitteln. Allgemeine Grundsätze der Hygiene sind ein guter Schutz gegen Infektionen!

HEPATITIS E – HÄUFIG BEI WILDSCHWEINEN

Seit den 1990er Jahren treten weltweit Infektionen mit dem Hepatitis-E-Virus beim Menschen auf. Die allermeisten Infektionen verlaufen ohne klinische Erscheinungen, mit Spätfolgen ist nach Leberentzündungen jedoch zu rechnen. Eine Untersuchung des Friedrich-Löffler-Institutes in Deutschland hat ergeben, dass Jäger, die beim Aufbrechen von Schwarzwild Handschuhe verwenden, ein um 88 % geringeres Risiko haben, sich mit Hepatitis E zu infizieren! Wildschweine nehmen europaweit auch klimawandelbedingt stark zu, damit auch Hepatitis E.

Mit der steigenden Zahl gemeldeter Fälle von Hepatitis E beim Menschen wurden Haus- und Wildschweine als Virusreservoir und Ansteckungsquelle diskutiert. In Deutschland haben sich die gemeldeten Fallzahlen seit der Jahrtausendwende verzehnfacht, wobei von einer hohen Dunkelziffer auszugehen ist. Mindestens 17 % der deutschen Bevölkerung haben nach serologischen Querschnittsuntersuchung eine Infektion mit dem Hepatitis-E-Virus durchgemacht (Pischke et al., 2014), jährlich ist mit über 100.000 Infektionen zu rechnen. Hepatitis E wird in Deutschland meist durch unzureichend gegartes Schweinefleisch übertragen und nur in Einzelfällen als Tropenkrankheit importiert, in seltenen Fällen kann sie auch durch Bluttransfusionen sowie Organspenden übergehen. Auch in eigenen Untersuchungen in der Steiermark konnten wir bei Tierärzten, Landwirten mit Schweinebetrieben und Schlachthofarbeitern relativ häufig Antikörper gegen das Hepatitis E-Virus nachweisen. Hepatitis E sollte in der Differenzialdiagnose bei erhöhten Leberwerten berücksichtigt werden.

Spannende Entdeckung

Seit den 1970er Jahren wurde vermutet, dass in den Tropen neben dem Hepatitis A-Virus noch ein weiteres fäkal-oral übertragbares Hepatitis-Virus existieren müsste. Dem russischen Wissenschaftler Balayan gelang es in einem Selbstversuch, sich mit diesem Virus zu infizieren, indem er Extrakte von Stuhlproben eines Patienten mit akuter Leberentzündung oral zu sich nahm. Daraufhin konnte das dafür verantwortliche Hepatitis E-Virus elektronenmikroskopisch in seinem Stuhl nachgewiesen werden.

Schweine als Virusreservoir

In vielen Entwicklungsländern, wo Hepatitis E eine der häufigsten Lebererkrankungen des Menschen ist, sind verunreinigtes Trinkwasser und Infektionen von Mensch zu Mensch (Toiletten- und Küchenhygiene) die häufigsten Infektionswege, besonders nach Überflutungen oder in Flüchtlingslagern. In Mitteleuropa sind (Wild-)Schweinkontakte und (Wild-)Schweinfleisch, Rohprodukte sowie unzureichend gegarte Schweineleber die häufigsten Infektionsquellen. In der Fall-Kontroll-Studie mit Hepatitis-E-Fällen und Kontrollpersonen, waren in der Datenanalyse der Verzehr von Innereien und der Verzehr von Wildschweinfleisch in den zwei Monaten vor Symptombeginn mit dem Auftreten einer Hepatitis E assoziiert. Von den Infizierten hatten 53 % entweder Innereien oder Wildschweinefleisch verzehrt.

Variables Krankheitsbild

Das Krankheitsbild ist dem der Hepatitis A ähnlich, wobei rund 99 % der Infektionen ohne Symptome verlaufen. In klinischen Fällen treten neben unspezifischen Symptomen, wie Müdigkeit, Abgeschlagenheit, Kopfschmerzen, Appetitlosigkeit, Gewichtsverlust, Muskel- und Gelenksbeschwerden, Druckgefühl im Oberbauch sowie Fieber, später typische Symptome einer Leberfunktionsstörung (Gelbsucht, Dunkelfärbung des Urins, Hellfärbung des Stuhls) auf. Besonders bei Immungeschwächten und Schwangeren werden schwere Krankheitsverläufe mit akutem Leberversagen beobachtet, in chronischen Fällen Leberzirrhosen. Die Erkrankung tritt vorwiegend bei jungen Erwachsenen auf.

Vorbeugemaßnahmen

Vorbeugend wird empfohlen, beim Aufbrechen (Ausweiden) und Zerwirken von Schwarzwild sowie beim Zubereiten von Wildschweinefleisch und -organen auf Hygienemaßnahmen (Handschuhe, Händewaschen, Vermeiden von Schmierinfektionen – wie Rauchen mit verschmutzten Händen,

Wer Wildschweine ausweidet, ohne dabei Handschuhe zu tragen, setzt sich einem hohen Infektionsrisiko aus. © A. Deutz

Vermeiden von Kreuzkontaminationen in der Küche usw.) zu achten. Jäger, die beim Aufbrechen Handschuhe verwenden, zeigen eine um 88 % niedrigere Antikörper-Prävalenz (BfR, 2015)!

Die Verwendung von Handschuhen schützt daneben auch vor möglichen Leptospirose- oder Brucellose-Infektionen vom Wildschwein auf den Menschen. Zum Schutz vor einer lebensmittelbedingten Hepatitis-E-Infektion ist es ratsam, (Wild-) Schweinefleisch und -organe (besonders Lebergerichte) mit ausreichend hohen Temperaturen lange genug zu garen – es darf kein roter Fleischsaft mehr abrinnen. Riskant in diesem Zusammenhang ist die Grillsaison, da Gegrilltes oft nicht durchgegart ist. Geräucherte bzw. länger gelagerte/gereifte Rohprodukte bergen nur ein geringes Restrisiko, bei Carpaccio vom Wildschwein oder frischen Rohwürsten ist von einem höheren Risiko auszugehen.

NEU AUFTRETENDE KRANKHEITEN

Es erscheint vordringlich, dass sich Human- und Veterinärmediziner, Epidemiologen und Wildbiologen mit neu in Mitteleuropa auftretenden Krankheiten, Krankheitserregern und Vektoren auseinandersetzen. Beispiele für solche Erreger und Infektionen sind Leishmanien, West Nil-Virus, Usutu-Virus, Hepatitis E oder Krim-Kongo-Fieber. Ein Teil dieser Krankheitserreger profitieren direkt oder indirekt vom Klimawandel, indirekt beispielsweise Hepatitis E über die starke Zunahme der Wildschweinbestände. Einige dieser Erkrankungen sind auf den Menschen übertragbar.

Sandmücken (*Phlebotumus* sp.; links) und Stechmückenarten (*Aedes* sp.; rechts) als Überträger von Krankheitserregern breiten sich aus oder wandern zu. © Elanco Deutschland

Asiatische Tigermücke und weitere Krankheitsüberträger

Stechmücken sind als Überträger diverser Krankheitserreger (z. B. Flaviviren) von Bedeutung. Eine systematische und andauernde Stechmückenüberwachung gilt als das wirksamste Mittel, um zum Beispiel das Übertragungsrisiko von West Nile-Fieber und Dengue auf den Menschen vorherzusagen. Bisher sind 46 verschiedene Stechmückenarten in Österreich bekannt. Vier zugewanderte Arten wurden hier bisher nachgewiesen, die japanische Buschmücke (*Aedes japonicus*) sowie auch *Culiseta longiareolata* und *Anopheles hyrcanus*. Bisher wurden nur Einzelindividuen der asiatischen Tigermücke (*Aedes albopictus*), ein bedeutender Krankheitsüberträger in vielen tropischen Ländern, belegt, aber ihre Einschleppung und Etablierung ist nur eine Frage der Zeit als Folge von intensivem Handel und Verkehr in einer globalisierten Welt, aber auch durch die voranschreitende Erderwärmung. Für die ehemals aus Asien eingeschleppte, mittlerweile in Südeuropa vorkommende, Wärme liebende Stechmückenart gab es ab Herbst 2014 erstmalig Nachweise einer Vermehrung und Überwinterung durch den milden Winter in Deutschland. Die Tigermücke ist gefürchtet als Überträger zweier für den Menschen schwerwiegender Erkrankungen, dem Dengue- und Chikungunya-Fieber. Im Frühstadium einer Invasion können möglicherweise noch Maßnahmen greifen, sollten diese Mücken in unseren Breiten durch milde Winter überwintern, erhöht sich das Infektionsrisiko deutlich.

Da der Einfluss des Klimawandels nicht exakt vorhergesagt werden kann, ist es umso wichtiger, die gegenwärtige Verbreitung und mögliche zukünftige Ausbreitung invasiver Mücken zu verstehen. Dadurch kann das zukünftige Vorgehen zur Mückenkontrolle geplant und festgelegt werden (StartClim 2017D).

Leishmaniose – ehemals nur im Mittelmeergebiet

Leishmanien sind bewegliche, geiseltragende Einzeller, die sich in Blutzellen vermehren und zu Erkrankungen beim Menschen, bei Hunden und Schafen führen. Jährlich erkranken geschätzte 1,5 Mio. Menschen an der Hautform dieser Krankheit und rund 500.000 an der inneren Form und mindestens 60.000 sterben jedes Jahr an einer Leishmaniose. Das Vorkommen der Leishmaniosen ist an das Vorkommen von Sandmücken (Phlebotominae) gebunden, die den Erreger bei der Blutmahlzeit aufnehmen und bei der nächsten Blutmahlzeit übertragen. Lange war man der Meinung, dass Sandmücken in Europa im Wesentlichen nur im Mittelmeergebiet vorkommen. In jüngerer Zeit aber wurden auch in verschiedenen Teilen Mitteleuropas, so auch in Deutschland, Sandmücken-Vorkommen nachgewiesen. Diese Vorkommen hängen möglicherweise zum Teil mit Klimaveränderungen zusammen.

Aus Mitteleuropa und den angrenzenden extramediterranen Gebieten sind bisher sechs Sandmücken-Arten gemeldet worden. Aus dem Vergleich der klimatologischen Parameter aller bisherigen Fundorte hat sich ergeben, dass die Temperatur den limitierenden Faktor der Verbreitung darstellt. Derzeit werden die erforderlichen Juli- bzw. Jännertemperaturen für keine der sechs Arten in Österreich konstant erfüllt, allerdings würde sich dies bereits bei einer Erwärmung um weniger als 1 °C in zahlreichen Regionen ändern. Jene Gebiete, für die ein Sandmücken-Vorkommen am wahrscheinlichsten ist, sind das Rheintal,

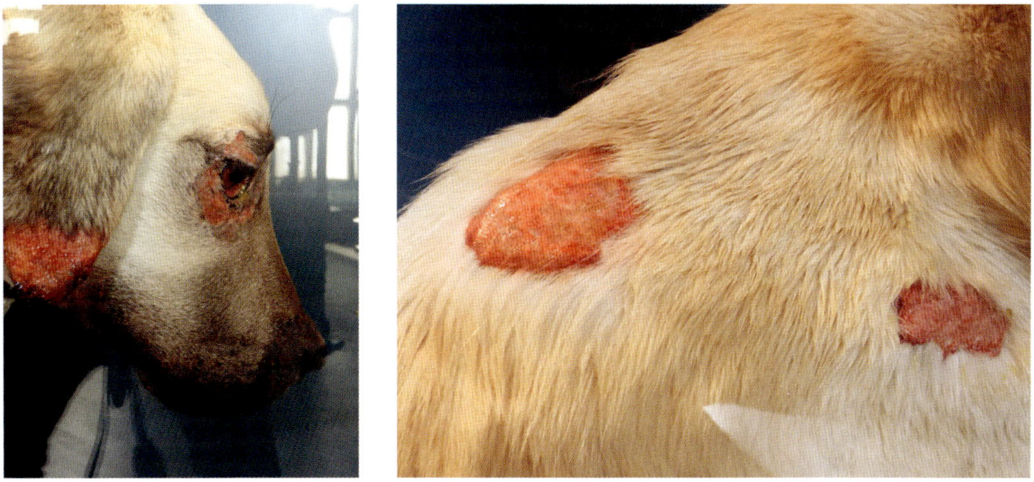

Krankheitsbild der Leishmaniose. Diese Krankheit war früher im Mittelmeerraum verbreitet und tritt nun schon in Mitteleuropa auf. Sie ist auch auf den Menschen übertragbar. © A. Deutz

das Donautal, das östliche Burgenland und die Grenzregion zu Slowenien (StartClim 2006B).

„Herzwurm" des Hundes

Die Dirofilariose ist ein Beispiel für eine durch Parasiten hervorgerufenen Krankheit, deren Verbreitung ebenfalls von Klimafaktoren abhängig ist. Von *Dirofilaria immitis*, dem Erreger der „Herzwurmerkrankung des Hundes" und *Dirofilaria repens*, dem Erreger einer parasitären Hauterkrankung, ist bekannt, dass ihre Entwicklung in den übertragenden Stechmücken stark temperaturabhängig ist. Im Jahre 2008 traten die ersten Fälle bei österreichischen Hunden auf, die sich die Infektion nicht in wärmeren Klimazonen zugezogen hatten, sondern in Österreich infiziert wurden. Auch aus der Slowakei und Ungarn wird von einer Zunahme der der Dirofilariosen berichtet.

Wegen der für die Larvenentwicklung in den Stechmücken nötigen Temperaturen sind diese auch auf den Menschen übertragbaren Parasiten vorwiegend in tropischen, subtropischen und gemäßigt-warmen Ländern (z. B. Italien) verbreitet und kam in unseren Breiten bisher nur als sog. „Reiseparasiten", nach Aufenthalt in solchen Ländern vor.

Dirofilaria immitis lebt als bis zu 30 cm (!) langer Parasit in den Endwirten Hund, Katze, Fuchs, Wolf und anderen Wildkarnivoren (wildlebende Fleischfresser) in der rechten Herzkammer und in den Lungenarterien. Beim Menschen setzt sich dieser Parasit meist in der Lunge fest (1 bis 4 cm große Knoten, meist keine oder nur milde Symptome, oft Zufallsbefund im Röntgen), ist aber in Europa eine seltene Zoonose. *Dirofilaria repens* siedelt sich im Unterhautbindegewebe an und verursacht Hund, Katze und Wildkarnivoren sowie seltener beim Menschen juckende Hautveränderungen, Ekzeme, Haarausfall sowie Schuppenbildung.

Lumpy skin disease

Die Lumpy skin disease (LSD) oder „Hautknotenkrankheit" ist eine Pockenerkrankung der Wiederkäuer. Sie war bis 2015 eine für Europa exotische Tierseuche. Seither breitet sich die Tierseuche, vom Mittleren Osten kommend, in Europa aus, sie kann neben Haus- auch Wildwiederkäuer – vermutlich besonders das Rotwild – befallen.

Der Erreger (Capripoxviren) ist eng verwandt mit dem Erreger der Schaf- und Ziegenpocken und er ist nicht auf Menschen übertragbar. LSD ist eine anzeigepflichtige Tierseuche, ein Ausbruch verursacht strenge Sperr- und Tötungsmaßnahmen und ist mit massiven wirtschaftlichen Verlusten verbunden. Übertragen wird das Pockenvirus durch stechend-saugende Insekten (Milben, Gnitzen, Stechmücken, Fliegen), weiters durch direkten Kontakt, infiziertes Material, Handel mit Lebendtieren oder unbehandelten Tierhäuten und Fellen und deren Produkte (z. B. auch Jagdtrophäen!) sowie Rohfleisch- und Rohmilchprodukte. In unbehandelten, trockenen Tierhäuten kann das Virus bis zu 18 Tagen überleben.

Meist kommt es zwei bis vier Wochen nach einer Infektion zur Erkrankung. Der Krankheitsverlauf bei Rindern ist akut bis chronisch und als typische Symptome treten bis 5 cm große Hautknoten (besonders an Kopf, Hals, äußeren Geschlechtsorganen sowie Extremitäten) auf. Daneben sind Fieber von bis zu 41 °C, stark vergrößerte Lymphknoten, erhöhter Speichel- und Tränenfluss, Mattigkeit, Appetitlosigkeit, Gewichtsverlust, Lidbindehautentzündung sowie Aborte (Fehlgeburten) zu beobachten.

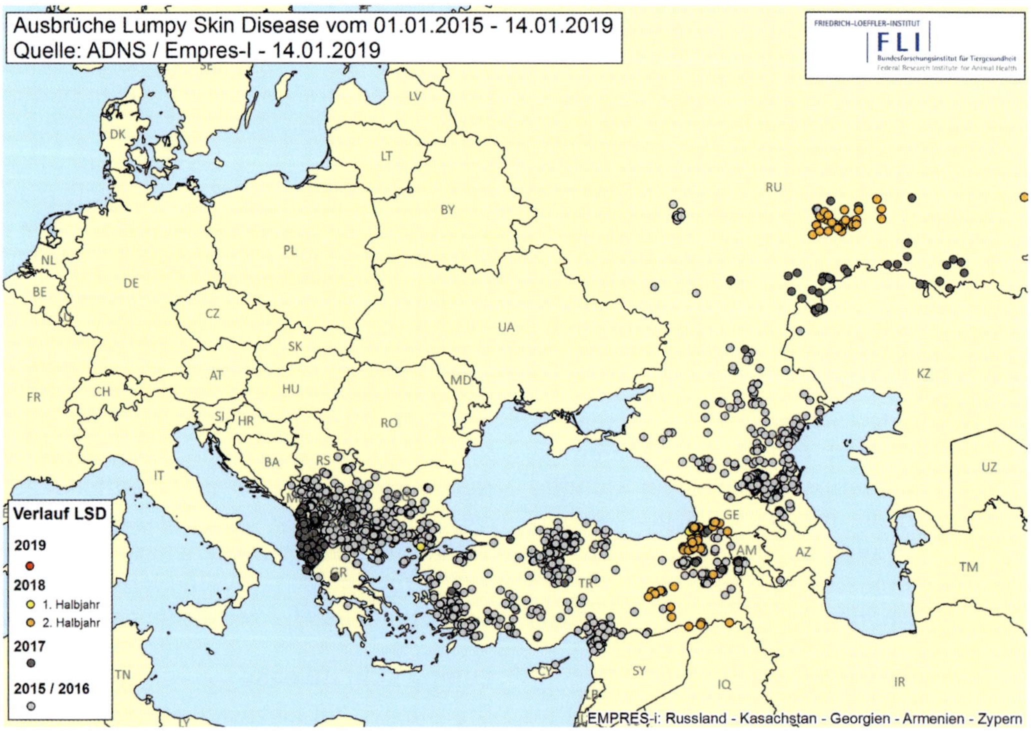

Verbreitung der Lumpy skin disease in Europa, 2015 bis 2018, danach durch erfolgreichen Impfgürtel in Südosteuropa erloschen.
Quelle: Friedrich-Löffler-Institut

Eine Eindämmung der Seuche ist nur durch konsequenteste Bekämpfungsmaßnahmen, wie Errichtung von Schutzzonen und Überwachungszonen um die Ausbruchsorte, Nottötung infizierter und verdächtiger Tiere, Überwachung und Kontrolle von gesunden Tieren in und um die Ausbruchslokalisationen (auch von Wildwiederkäuern!) sowie Impfungen möglich. Zudem muss der Handel mit LSD-empfänglichen lebenden Tieren aus den betroffenen Gebieten strengstens überwacht werden und aus den Sperrzonen dürfen keine Lebendtiere (Rinder und Wildwiederkäuer) verbracht werden (Ausnahme: Transport der Rinder zum Schlachthof auf direktem Weg). Es gibt auch Vorschriften für die fachgerechte Behandlung von Rohfleisch- und Rohmilchprodukten von Rindern und Wildwiederkäuern für den menschlichen Verzehr.

LSD ist eine anzeigepflichtige Tierseuche. Bei geringstem Verdacht muss daher der Amtstierarzt informiert werden, der entsprechende Proben zieht. Die rasche Verbreitung durch direkten Kontakt und durch zahlreiche Vektoren ist Grund genug für ein rasches Handeln.

Es ist zu erwarten, dass diese Tierseuche in den nächsten Jahren auf Mitteleuropa trifft, obwohl versucht wird, mit Impfgürteln ein weiteres Fortschreiten einzudämmen. Jäger sollten bei Jagdreisen in südosteuropäische Länder jetzt schon über das Einschleppungsrisiko informiert sein, vor Lebendwildimporte aus angrenzenden Regionen sei eindringlich gewarnt, aus Sperrgebieten sind sie ohnedies verboten!

FRÜHWARNSYSTEM AUF EU-EBENE

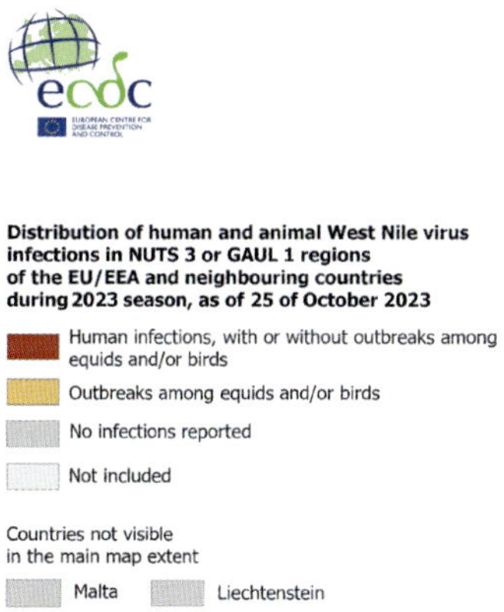

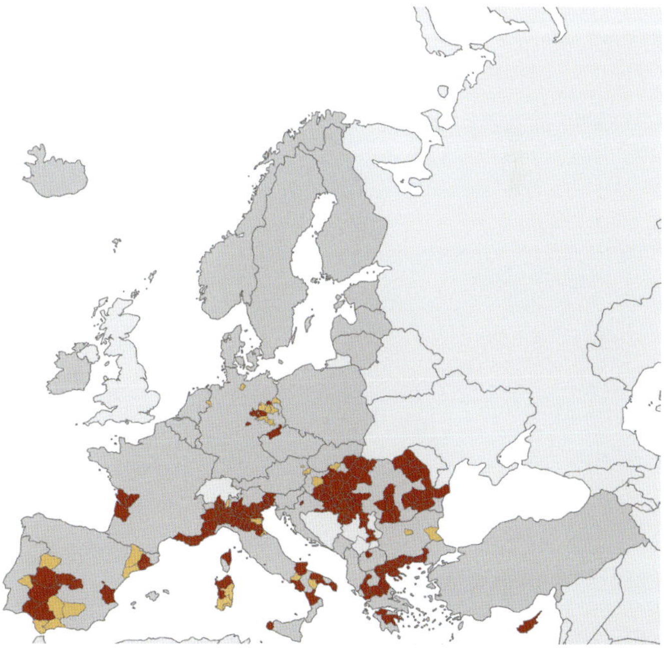

Beispiel Frühwarnung: Karte mit Fällen von West-Nil-Fieber beim Menschen (rot) und bei Tieren (gelb) in Europa im Jahr 2023 bis einschließlich 25. Oktober 2023.
Quelle: ECDC

Zu anzeigepflichtigen Tierseuchen gibt es mittlerweile sehr gute Informations- und Frühwarnsysteme.

Frühwarnsysteme für klimabedingte Gesundheits- und Wohlbefindensrisiken müssen auf einer soliden wissenschaftlichen und technischen Grundlage beruhen, die eine Fokussierung auf die am stärksten gefährdeten Regionen und Bevölkerungsgruppen ermöglicht. Frühwarnsysteme umfassen Erkennung, Analyse, Vorhersage und dann Warnungsverbreitung, gefolgt von Reaktionsentscheidungen und -implementierung.

Um wirksam und vollständig zu sein, muss ein Frühwarnsystem vier miteinander interagierende Elemente umfassen:

- Risikowissen
- Überwachungs- und Warndienste
- Verbreitung und Kommunikation und
- Reaktionsfähigkeit

Über sehr gute und aktuelle Daten verfügen z. B. das Friedrich-Löffler-Institut (FLI) und das Europäische Zentrum für die Prävention und die Kontrolle von Krankheiten (ECDC).

Das European Centre for Disease Prevention and Control (ECDC) liefert wöchentlich aktualisierte Daten zu Infektionen mit dem West-Nil-Virus in Europa. Hier können Sie das aktuelle Infektionsgeschehen verfolgen (Seite in englischer Sprache).

Das deutsche Bundesforschungsinstitut für Tiergesundheit (LFI) bietet aktuelle Informationen zum Tierseuchengeschehen in Deutschland und Europa. Hier gelangen sie zu den aktuellen Meldungen.

DIE AUTOREN

© HBLFA Raumberg-Gumpenstein

Univ.-Doz. Dr. Armin **Deutz,** geboren 1962, arbeitet als Amtstierarzt in seinem Heimatbezirk Murau/Steiermark, Fachtierarzt für Wild- und Zootiere, daneben ist er allgemein beeideter und gerichtlich zertifizierter Sachverständiger (für Veterinärmedizin, Jagd, Fütterung, Tierschutz, Tierhaltung, Milch und Wildbret) sowie Verfasser von bisher 14 Büchern und zahlreichen Publikationen und Vorträgen zu den Themen Wildtier, Wild- und Nutztierkrankheiten, Zoonosen, Wildtierfütterung, Wildbrethygiene und Klimawandel; weitere Funktionen: Vorsitzender der Fachtierarztprüfungskommission für den Fachtierarzt für Wild- und Zootiere und Universitätsdozent an der Veterinärmedizinischen Universität Wien (Spezialgebiet Zoonosen, also zwischen Tieren und Menschen übertragbaren Krankheiten).

© J. Gasteiner

Dr. Johann **Gasteiner**, Jahrgang 1965, ist Veterinärmediziner und Direktor der Höheren Bundeslehr- und Forschungsanstalt Raumberg-Gumpenstein. Er ist Vorsitzender der Sektion Wildtierkunde und Umweltforschung der Österreichischen Gesellschaft der Tierärzte sowie europäischer Fachtierarzt für Rinderkrankheiten (ECBHM). Er hat viele Vorträge, Publikationen und Buchbeiträge in seinem Fachbereich herausgebracht und ist auch aufgrund seines sehr naturverbundenen Freizeitverhaltens nahe am Thema des stattfindenden Klimawandels und dessen Auswirkungen.

DANKSAGUNG

Wir Autoren danken unseren Familien für das große Verständnis und die Geduld, die aufzubringen sind, um mit Menschen wie uns zusammenleben zu können. Wir sind stolz darauf, dass auch unsere Kinder die Liebe zur Natur leben, indem sie sich privat und beruflich für eine nachhaltigere Zukunft einsetzen. Besonders danken dürfen wir Andrea Stradner für die Überlassung der Borkenkäferfotos sowie Karin Ch. Taferner für ihre fachkundige und umsichtige Begleitung des Projektes seitens des Verlages.

VERWENDETE UND WEITERFÜHRENDE LITERATUR

APCC (2014): Österreichischer Sachstandsbericht Klimawandel 2014, Austrian Panel on Climate Change (APCC), Verlag der Österreichischen Akademie der Wissenschaften, Wien.

Aspöck, H. (2007): Klimawandel und die Ausbreitung von Krankheiten: Durch Arthropoden übertragene Infektionen in Mitteleuropa. — Entomol. rom. **12**: 343-362.

Aspöck, H. (2010): Krank durch Arthropoden: Gliederfüßer als Erreger und Überträger von Krankheiten des Menschen. Grundlagen und Überblick. — In: Aspöck H. (Hrsg.), Krank durch Arthropoden, Denisia **30**: 11-32. 888 pp.

Aspöck, H., Dobler, G. (2010): Durch Arthropoden übertragene Viren – Steckbrief und Überblick. — In: Aspöck H. (Hrsg.), Krank durch Arthropoden, Denisia **30**: 457-466. 888 pp.

Behringer, W. (2014): Kulturgeschichte des Klimas – Von der Eiszeit bis zur globalen Erwärmung. 4. Auflage, DTV München.

Blaschka, A., Guggenberger, T., Deutz, A., Gressmann, G. (2016): Futterwert und Bestandesstruktur von Almweiden: Ein 20-jähriger Vergleich. Tagungsband 17. Klimatag, 6. - 8. April, Karl-Franzens-Universität Graz, S. 126-127.

BML (2023): Was ist Schutzwald? abgerufen am 4.12.2023 unter https://www.schutzwald.at/wissen/was-ist-schutzwald.htm

Boch, J., Schneidawind, H. (1988): Krankheiten des jagdbaren Wildes. Verlag Paul Parey, Hamburg und Berlin.

Böhm, R., Godina, R., Nachtnebel, H.P., Pirker & O. (Edit.) (2008). Auswirkungen des Klimawandels auf die österreichische Wasserwirtschaft. Broschüre des Bundesministeriums für Land- und Forstwirtschaft, Umwelt und Wasserwirtschaft, Wien.

Böhm, R. (2008): Harte und weiche Fakten zum Klimawandel. Der Sachverständige, Heft 4/08, 170-177.

Coeln, M. (1997): Grundlagen für ein thermoenergetisches Modell zur Fernüberwachung der Borkenkäferentwicklung. Dissertation. Univ. f. Bodenkultur Wien, pp. 144.

Coeln, M., Niu, J., Führer, E. (1996): Entwicklung von Fichtenborkenkäfern in Abhängigkeit von thermischen Bedingungen verschiedener montaner Waldstufen (Coleoptera: Scolytidae). Entomologia Generalis 21, 37-54.

Danielová, V., Kliegrová, S., Daniel, M., Benes, C. (2008): Influence of climate warming on tick-borne encephalitis expansion to higher altitudes over the last decade

(1997-2006) in the highland region (Czech Republic). — Cent. Europ. J. Publ. Health **16** (1): 4-11.

Dautel, H., Kahl, O. (2009): Die Auwaldzecke breitet sich aus. Eine Vektorzecke überträgt Krankheiten vor allem auf Tiere. — LWF Waldforschung aktuell **73**: 28-29.

Deutz, A., Greßmann, G., Grünschachner-Berger, V., Flurin, F. (2017): Gams-, Stein- und Muffelwild – Biologie, Lebensweise, Besonderheiten. Leopold Stocker-Verlag, Graz-Stuttgart, 215 Seiten.

Deutz, A., Gasteiner, J., Obritzhauser, W. (2016): Die häufigsten Nutztierkrankheiten. Leopold Stocker-Verlag, Graz-Stuttgart, 232 Seiten.

Deutz, A. (2016): Einfluss des Klimawandels auf die Wildtiergesundheit und Lebensräume. Wildbiologische Forschungsberichte – Schriftenreihe der Vereinigung der Wildbiologen und Jagdwissenschaftler Deutschlands, Band 2, S. 12-23.

Deutz, A. (2016): Tiergesundheit und Klimawandel. Ber. 16. Tagung des Österr. Verbandes der Amtstierärztinnen und Amtstierärzte, 9. - 10. Juni, St. Lambrecht, S. 29-43.

Deutz, A., Greßmann, G., Guggenberger, T., Blaschka, A. (2015): Zur Bedeutung des Klimawandels für die Ernährung und Krankheiten alpiner Wildarten. Endbericht von StartClim2014.D in StartClim2014: Anpassung an den Klimawandel in Österreich - Beiträge zur Umsetzung der österreichischen Anpassungsstrategie, Auftraggeber: BMLFUW, BMWF, ÖBf, Land Oberösterreich. www.austroclim.at/13/

Deutz, A., Greßmann, G., Gissing, U. (2015): Parasitendruck auf Gams steigt. Der Anblick 8/15, S. 42-43.

Deutz, A. (2014): Krankheiten des Gamswildes – Entwicklungen und Lösungen. Ber. 20. Österr. Jägertagung, 13.-14. Februar, Aigen i.E., S. 65-72.

Deutz, A., Deutz, U. (2011): Wildkrankheiten, Hundekrankheiten, Zoonosen: Erkennen – Vermeiden – (Be)Handeln. Leopold Stocker Verlag, Graz-Stuttgart, 264 Seiten.

Deutz, A., Guggenberger, T., Gasteiner, J. (2011): Influence of climate change on diseases of wild animals. In: Game meat hygiene in focus, Wageningen Academic Publishers, p. 157-172.

Deutz, A. (2008): Lebensräume und Krankheiten des Gamswildes unter dem Aspekt des Klimawandels. Ber. Tagung „Das Gamswild in Bedrängnis? – Ökologie - Störfaktoren – Jagd – Management“, Nationalpark Hohe Tauern, 9.-10. 10., St. Jakob i. Defreggental, S. 58-62.

Deutz, A., Guggenberger, T., Gasteiner, J., Steineck, T., Bago, Z., Hofer, E., Auer, I., Böhm, R. (2009): Untersuchungen zur Verbreitung der Tularämie in Österreich unter dem Aspekt des Klimawandels. Vet. Med. Austria / Wien. Tierärztl. Mschr. **96**, 107-113.

Deutz, A. (2007): Klimawandel und Gamswild. Der Anblick 7/07, 19.

Deutz, A. (2007): Klimawandel und (Wild-)Krankheiten. Der Anblick 3/07, 24-27.

Dvorak, M., Teufelbauer, N. (2008): Monitoring der Brutvögel Österreichs. Arbeitsunterlagen, 2.Auflage. Wien: BirdLife Österreich.

Elliott, J. M., & Elliott, J. A. (1995). The effect of the rate of temperature increase on the critical thermal maximum for parr of Atlantic salmon and brown trout. *Journal of fish biology*, *47*(5), 917-919.

Ficker, H. (2014): Thermischer Stress der Bachforelle an der Oberen Traun während des Sommers. Endbericht von StartClim2013.A in StartClim2013: Anpassung an den Klimawandel in Österreich – Themenfeld Wasser, Auftraggeber: BMLFUW, BMWFW, ÖBF, Land Oberösterreich.

Filli, F., CAMPELL, S. (2005): Der Sommerlebensraum der Gämse *Rupicapra rupicapra* in einem inneralpinen Lebensraum am Beispiel der Gebiete Il Fuorn und Val Trupchun im Schweizerischen Nationalpark. Nationalpark-Forschung in der Schweiz, Bd. 95, S. 149-170.

Formayer, H., Imran, N. (2013): Klimatologie der Schneefallgrenze im Alpenraum, abgeleitet aus Reanalysedaten. Endbericht von StartClim2012.E in StartClim2012: Anpassung an den Klimawandel – erste Beiträge zur Umsetzung der österreichischen Anpassungsstrategie: BMLFUW, BMWF, ÖBF, Land berösterreich.

Forschungsprojekt Gamsblindheit (1998): Erloschene Lichter. Hofmann, H. (Hrsg.), Casanova Verlag, Chur.

Fuchs, K., Deutz, A., Gressmann, G. (2000): Detection of space-time clusters and epidemiological examinations of scabies in chamois. Vet. Parasitol. 92, 63-73.

Fuhrer, J., Smith, P., Gobiet, A. (2014): Implications of Climate Change Scenarios for Agriculture in Alpine Regions - A Case Study in the Swiss Rhone Catchment. *Science of the Total Environment* 493 (September):1232–1241.

Gallaun, H., Sackl, P., Praschk, C., Schardt, M., Trinkaus, P. (2006): IPAM-Toolbox. Großflächige Inventur eines Alpinen Natura 2000 Gebietes mittels Fernerkundung in den Niederen Tauern / Steiermark. Im Auftrag der Steiermärkischen Landesregierung, Graz, 167 Seiten.

Giacometti, M., Frey, J., Abdo, El-M., Janovsky, M., Krawinkler, M., Schlatter, Y., Belloy, L., Fatzer, R,, Nicolet, J. (2000): Gemsblindheit. Schweiz. Arch. Tierheilk. 142, 235-240.

Gobiet, A., Kotlarski, S., Beniston, M., Heinrich, G., Rajczak, J., Stoffel, M. (2014): 21st Century Climate Change in the European Alps - a Review. *The Science of the Total Environment* 493 (September): 1138–51.

Göbel, P. (2004): Schnellkurs Wetter und Klima. DuMont Literatur und Kunstverlag, Köln.

Gottfried, M., Pauli, H., Futschik, A., Akhalkatsi, M., Barančok, P., Alonso, J.L.B., Coldea, G. (2012): Continent-Wide Response of Mountain Vegetation to Climate Change. *Nature Climate Change* 2 (2) (January): 111–115.

Grace, J., Berninger, F., Nagy, L. (2002): Impacts of Climate Change on the Tree Line. Institute of Ecology & Resource Management, University of Edinburgh, UK and Department of Forest Ecology, University of Helsinki, Finnland.

Grauer, A., König, A. (2009): Management of chamois in Bavaria (Germany): The importance of game activities in scabies control. Wildlife Biology in Practice, 5 (2), pp. 115-127.

Grabherr, G., Gottfried, M., and Pauli, H. (1994): Climate Effects on Mountain Plants. *Nature* 369 (6480) (June): 448–448.

Gregory, R.D., Willis, S.G., Jiguet, F., Vorisek, P., Klvanova, A., van Strien, A., Green, R.E. (2009). An Indicator of the Impact of Climatic Change on European Bird Populations. *Plos One, 4*(3). doi: 10.1371/journal.pone.0004678

Greßmann, G. (1997): Populationsentwicklung von ausgesetzten Alpensteinböcken (*Capra ibex* L.) am Ostalpenrand. Dipl. arbeit, Naturwiss. Fak. Univ.Graz.

Guggenberger, T., M. Herndl, C. Fritz und G. Terler (2023f): Abschlussbericht Projekt FarmMilk in Ausarbeitung.

Habersack, H., Schober, B., Haspel, D. (2014): Überflutungsflächenverlust und Hochwasserrisiko unter Berücksichtigung des Klimawandels. Endbericht von StartClim2013.B in StartClim2013: Anpassung an den Klimawandel in Österreich – Themenfeld Wasser, Auftraggeber: BMLFUW, BMWFW, ÖBF, Land Oberösterreich.

Halupka, L., Arit, D., Halupka, K (2023): The effect of climate change on avian offspring production: A global meta-analysis. PNAS, https://doi.org/10.1073/pnas.2208389120

Hamel, D., Pfister, K. (2009): Nachweis von *Parafilaria bovicola* in einem Galloway-Zuchtbetrieb in Bayern. Tagung der DVG-Fachgruppe „Parasitologie und parasitäre Krankheiten" Diagnostik, Epidemiologie und Bekämpfung von Parasitosen bei Nutz-, Haus- und Heimtieren 17. - 19. Juni 2009, Leipzig.

Hari, R.E., Livingstone, D.M., Siber, R., Burkhardt-Holm, P. & Güttinger, H. (2006). Consequences of climatic change for water temperature and brown trout populations in Alpine rivers and streams. Global Change Biology, 12, 10–26.

Herndl, M. (2019): Vergleich und Analyse der Synergien von Umwelt- und Nachhaltigkeitsbewertungen auf Milchviehbetrieben in Österreich. HBLFA Raumberg-Gumpenstein, 33 S.

Horak, J., Schmerold, I., Wimmer, K., Schauberger, G. (2017): Cabin air temperature of parked vehicles in summer conditions: life-threatening environment for children and pets calculated by a dynamic model. Theoretical and Applied Climatology, October 2017, Volume 130, Issue 1–2, pp 107–118.

IDF (2015): A common carbon footprint approach for the dairy sector. International Dairy Federation, 63 S.

IPCC (2021): Climate Change 2021: The Physical Science Basis. Contribution of Working Group I to the Sixth Assessment Report of the Intergovernmental Panel on Climate Change [Masson-Delmotte, V., P. Zhai, A. Pirani, S.L. Connors, C. Péan, S. Berger, N. Caud, Y. Chen, L. Goldfarb, M.I. Gomis, M. Huang, K. Leitzell, E. Lonnoy, J.B.R., Matthews, T.K. Maycock, T. Waterfield, O. Yelekçi, R. Yu, and B. Zhou (eds.)]. 2391 S.

Irauschek, F., Rammer, W., Langner, A., Lexer, M.J. (2016): Sicherung der Schutzfunktionalität österreichischer Wälder im Klimawandel. Endbericht von StartClim2015.D in StartClim2015: Weitere Beiträge zur Umsetzung der österreichischen Anpassungsstrategie, Auftraggeber: BMLFUW, BMWF, ÖBF, Land Oberösterreich.

Jenkins Jr, T. M., Diehl, S., Kratz, K. W., & Cooper, S. D. (1999). Effects of population density on individual growth of brown trout in streams. *Ecology*, *80*(3), 941-956.

Jonsson, B., & Jonsson, N. (2009). A review of the likely effects of climate change on anadromous Atlantic salmon Salmo salar and brown trout Salmo trutta, with particular reference to water temperature and flow. *Journal of Fish Biology*, *75*(10), 2381-2447.

Kahl, O., Dautel, H. (2008): Zur Biologie und Ökologie von Zecken und ihrer Ausbreitung nach Norden. — In: Lozán J.L., Groß H., Judritzky G., Karbe L. & K. Reise (Hrsg.), Warnsignal Klima: Gesundheitsrisiken – Gefahren für Pflanzen, Tiere & Menschen: 215-218. 384 pp.

Karrer, G., Bassler, G., Schume, H., Matthews, B., Willner, W. (2012): Adapting Austrian forestry to climate change: Assessing the drought tolerance of Austria's authochtonous tree species. Final report of the project StartClim2011.D in StartClim2011: Adaptation to climate change in Austria: "Forests", Contracting parties: BMLFUW, BMWF, ÖBf.

Kellerer-Pirklbauer, A., Bartsch, A., Gitschthaler, C., Reisenhofer S., Weyss, G., Riedl, C., Avian, M. (2015): permAT - Langzeitmonitoring von Permafrost und periglazialen Prozessen und ihre Bedeutung für die Prävention von Naturgefahren: Mögliche Strategien für Österreich. Endbericht von StartClim2014.F in StartClim2014: Beiträge zur Umsetzung der österreichischen Anpassungsstrategie, Auftraggeber: BML-FUW, BMWFW, ÖBF, Land Oberösterreich.

Klimastatusbericht (2022): https://ccca.ac.at/wissenstransfer/klimastatusbericht

Körner, C., Diemer, M., Schäppi, B, Niklaus, P., Arnone, J. (1997): The Responses of Alpine Grassland to Four Seasons of CO_2 Enrichment: a Synthesis. *Acta Oecologica* 18 (3) (January): 165–175..

Koschak, M. (2023): Hitze, Flut und Tigermücke – (Fast) alles zum Klimawandel. Verlag Herder, Freiburg im Breisgau.

Kromp-Kolb, H., Formayer, H. (2005): Schwarzbuch Klimawandel. Wie viel Zeit bleibt uns noch? ecowin Verlag der Top Akademie GmbH, Salzburg.

Latif, M (2012): Globale Erwärmung. Verlag Eugen Ulmer, Stuttgart.

Lenoir, J., Svenning, J.C. (2014): Climate-Related Range Shifts - a Global Multidimensional Synthesis and New Research Directions. *Ecography* 38 (1): 15–28.

Lieb, G.K., Kern, K., Seier, G. (2010): AlpinRiskGP - Abschätzung des derzeitigen und zukünftigen Gefährdungspotentials für Alpintouristen und Infrastruktur bedingt durch Gletscherrückgang und Permafrostveränderung im Großglockner-Pasterzengebiet (Hohe Tauern, Österreich). Endbericht von StartClim2009.F in StartClim2009: Anpassung an den Klimawandel: Beiträge zur Erstellung einer Anpassungsstrategie für Österreich, Auftraggeber: BMLFUW, BMWF, BMWFJ, ÖBF.

Lovejoy, T. (2008): Climate change and biodiversity. In: Climate change: impact on the epidemiology and control of animal diseases. Rev. sci. tech. Off. Int. Epiz. 27 (2), p. 331-338.

Maier, W., Hrsg. (2001): Mögliche Auswirkungen von Klimaveränderungen auf die Ausbreitung von primär humanmedizinisch relevanten Krankheitserregern über tierische Vektoren sowie auf die wichtigen Humanparasiten in Deutschland. Umweltbundesamt, Berlin, Forschungsbericht 200 61 218/11, UBA-FB 000454.

Mavrot, F., Zimmermann, F., Vilei, E.M., Ryser-Degiorgis, M.P. (2012): Is the development of infectious keratoconjunctivitis in Alpine ibex and Alpine chamois influenced by topographic features? Europ. J. Wildlife Res. 58(5), 869-874.

Mason, T.H.E., Apollonio, M., Chirichella, R., Willis, S.G., Stephens, P.A. (2014): Environmental change and long-term body mass declines in an alpine mammal. Frontiers in Zoology, 11 (1), art. no. 69.

Melcher, D. D. A., Pletterbauer, D. F., & Kremser, D. H. (2013). Temperaturansprüche und Auswirkungen des Klimawandels auf die Fischfauna in Flüssen und unterhalb von Seen. *Österreichische Wasser-und Abfallwirtschaft*, *65*(11-12), 408-417.

Meinharter, E., Dreiseitl-Wanschura, B. (2014): Anpassungsempfehlungen für die Raum- und Regionalentwicklung in hochwassergefährdeten Gebieten. Endbericht von StartClim2013.D in StartClim2013: Anpassung an den Klimawandel in Österreich – Themenfeld Wasser, Auftraggeber: BMLFUW, BMWFW, ÖBF, Land Oberösterreich.

Moshammer, H., Hutter, H.-P., Frank, A., Gerersdorfer, T. (2008): Einflüsse der Temperatur auf Mortalität und Morbidität in Wien. In: Universität für Bodenkultur, editor. StartClim 2008A. Vienna: Universität, für Bodenkultur.

Nemeth, E., Auer, I., Hollòsi, B., Teufelbauer, N. (2016): Ein Klima-Einfluss-Index für die Brutvögel Österreichs. Endbericht von StartClim2015.C in StartClim2015: Weitere Beiträge zur Umsetzung der österreichischen Anpassungsstrategie, Auftraggeber: BMLFUW, BMWF, ÖBf, Land Oberösterreich.

Nicolussi, K., Patzelt, G. (2006): Klimawandel und Veränderungen an der alpinen Waldgrenze - aktuelle Entwicklungen im Vergleich zur Nacheiszeit. BFW-Praxisinformation 10, April 2006, Wien, S. 3-5.

Pauli, H., Gottfried, M., Reiter, K., Klettner, C., Grabherr, G. (2007): Signals of Range Expansions and Contractions of Vascular Plants in the High Alps: Observations (1994-2004) at the GLORIA Master Site Schrankogel, Tyrol, Austria. *Global Change Biology* 13 (1) (January): 147–156.

Pincus, T.M.R. (2017): Committed warming inferred from observations. Nature Climate Change, Letter 31.07.2017, doi:10.1038/nclimate3357.

Plöger, S. (2023): Zieht euch warm an, es wird noch heißer. Westend Verlag, Frankfurt/Main.

Pröbstl-Haider, U., Melzer, V. (2015): Witterungsunabhängige Tourismusangebote basierend auf Naturerlebnisangeboten – Bedeutung und innovative Entwicklungen. Endbericht von StartClim2014.E in StartClim2014: Beiträge zur Umsetzung der österreichischen Anpassungsstrategie, Auftraggeber: BMLFUW, BMWFW, ÖBF, Land Oberösterreich.

Prosl, H (2008): Parasiten und Klimawandel. Ber. Parasitologische Fachgespräche, 30. Mai, Innsbruck, S. 3-4.

Prosl, H., Kutzer, E. (2006): Bedeutende Parasitosen beim Schalenwild und deren jagdwirtschaftliche Bedeutung. Ber. Fachtagung, 10. November, Veterinärmedizinische Universität Wien, S. 6-20.

Rahmstorf, S., Schellnhuber, H.J. (2018): Der Klimawandel. 8. Aufl., Verlag C.H. Beck, München

Rapley, C., Macmillan, D. (2015): 2° C. Verlag Droemer, München.

Robine, J.M., Cheung, S.L.K., Le Roy, S., Van Oyen H., Griffiths, C., Michel, J.P., Herrmann, F.R. (2008): Death toll exceeded 70,000 in Europe during the summer of 2003. Epidemiology C. R. Biologies 331, 171–178.

Rommel, M., Eckert, J., Kutzer, E., Körting, W., Schneider, T. (2000): Veterinärmedizinische Patasitologie, 5. Aufl., Parey Buchverlag, Berlin.

Rossi, L. (1999): Untersuchungen zur Räude-Epidemie in der Provinz „Alto Bellunese" (Italien). Gamswild-Tagung in Auronzo di Cadore: Ökologie, Krankheiten und Management. Zeitschr. Jagdwiss. 45, 148-149.

Ryser-Degiorgis, M.P. (2013): Output of surveillance and research activities carried out at the FIWild – an overview. In: Wildlife population health in Switzerland: Novel approaches and applications, Habilitation thesis, University of Bern, Switzerland, p. 103–111.

Schaumberger, A.; Herndl, M. und Bahn, M. (2021): ClimGrass: Multifaktorielles Freilandexperiment zur Erforschung der Auswirkungen des Klimawandels auf Grünland. 21. Österreichischer Klimatag, Online, Climate Change Centre Austria (CCCA), 22-23.

Schaumberger, J., Schardt, M., Guggenberger, T., Gallaun, H., Schaumberger, A., Deutz, A., Greßmann, G., Gasteiner, J. (2006): GIS-gestützte Ermittlung der Veränderung des Lebensraumes alpiner Wildtierarten bei Anstieg der Waldgrenze aufgrund Klimaveränderung. Endbericht StartClim 2005, Universität für Bodenkultur, Wien, 42 Seiten. http://www.austroclim.at/index.php?id=startclim2005

Schebeck, M., Deutz, A., Guggenberger, T. (2014): Zur Zeckenfauna von Wildtieren in Ostösterreich (Ixodida, Ixodidae). Entomologica Austriaca 21, 209-222.

Schiefer, P., Steinrigl, A., Wodak, E., Deutz, A., Schmoll, F. (2013): Detection of SBV antibodies in wild ruminants in Austria, 2012. Internat. Meeting on Emerging Diseases and Surveillance, February 15-18, Vienna.

Schopf, A., Baier, P., Pennerstorfer, J. (2016): Erstellung von Risikoprofilen für ausgewählte Schutz-waldgebiete des Ostalpenraums (Österreich und Südtirol) in Bezug auf die Störungsregime Sturm/Schneebruch/Dürre – Borkenkäferbefall – Waldbrand und Klimawandel. Endbericht von Start-Clim2015.E in StartClim2015: Weitere Beiträge zur Umsetzung der österreichischen Anpassungsstrategie, Auftraggeber: BMLFUW, BMWF, ÖBf, Land Oberösterreich.

Schopf, A., Blackwell, E., Wimmer, V. (2012): Untersuchungen zum Einfluss des Klimas auf Voltinismus und Ausbreitung des Buchdruckers, *Ips typographus*, im alpinen Raum. Endbericht von StartClim2011.A in StartClim2011: Anpassung an den Klimawandel in Österreich: Themenfeld Wald. Auftraggeber: BMLFUW, BMWF, ÖBf.

Schmutz, S. (2008). Auswirkungen von Klimaänderungen auf die Fischfauna. In: Böhm, R., Godina, R., Nachnebel, H.P., Pirker & O. (Edit.) (2008). Auswirkungen des Klimawandels auf die österreichische Wasserwirtschaft. Broschüre des Bundesministeriums für Land- und Forstwirtschaft, Umwelt und Wasserwirtschaft, Wien.

Seidl, R., Thom, D., Krehan, H., Steyrer, G. (2012): Analyzing Austria's forest disturbance regime as basis for the development of climate change adaptation strategies. Endbericht von StartClim2011.B in StartClim2011: Anpassung an den Klimawandel in Österreich: Themenfeld Wald. Auftraggeber: BMLFUW, BMWF, ÖBF.

Shuman, E.K. (2010): Global Climate Change and Infectious Diseases. New England Journal of Medicine, 1061-1063.

Silaghi, C., Hamel, D., Pfister, K., Rehbein, S. (2011): Babesia species and co-infection with Anaplasma phagocytophilum in free-ranging ungulates from Tyrol (Austria). Wien. Tierarztl. Mschr. 98, 268-274.

Soja, G., Soja, A.-M., Eitzinger, J., Gruszczynski, G., Trnka, M., Kubu, G., Formayer, H., Schneider, W., Suppan, F., Koukal, T. (2004): Analyse der Auswirkungen der Trockenheit 2003 in der Landwirtschaft Österreichs – Vergleich verschiedener Methoden (StartClim 2004.C).

Stünzner, D., Hubálek, Z., Halouzka, J., Wendelin, I., Sixl, W., Marth, E. (2006): Prevalence of Borrelia burgdorferi sensu lato in the tick Ixodes ricinus in the Styrian Mountains of Austria. — Wien. Klin. Wochenschr. **118** (21-22): 682-685.

Theurillat, J.P., Felber, F., Geissler, P., Gobat, J.M., Fierz, M., Fischlin, A., Küpfer, P., Schlüssel, A., Velutti, C., Zhao, G.F. (1998): Sensitivity of Plant and Soil Ecosystems of the Alps to Climate Change. In *Views from the Alps: Regional Perspectives on Climate Change*, 225–308. Views from the Alps: Regional Perspectives on Climate Change. Boston: MIT Press.

Theurillat, J.P., Guisan, A. (2001): Potential Impact of Climate Change on Vegetation in the European Alps: A Review. *Climatic Change* 50 (1-2): 77–109.

Wadsak, M. (2020): Klimawandel – Fakten gegen Fake & Fiction. Braumüller Verlag, Wien.

Walther, G.-R. (2010): Community and Ecosystem Responses to Recent Climate Change. *Philosophical Transactions of the Royal Society of London. Series B, Biological Sciences* 365 (1549): 2019–2024.

Wohlgemuth, T., Conedera, M., Kupferschmid Albisetti, A.D., Moser, B., Usbeck, T., Brang, P., Dobbertin, M. (2008): Effekte des Klimawandels auf Windwurf, Waldbrand und Walddynamik im Schweizer Wald. Schweiz.Zeitschrift f.Forstwesen 159, 336-343.

Zweimüller, I., Melcher, A., Pletterbauer, F., Hein. T. (2014): Wie und wo verändern sich die österreichischen Flüsse durch den Klimawandel? Interdisziplinäre Analyse im Hinblick auf Fischfauna und Nährstoffe. Endbericht von StartClim2013.E in StartClim2013: Anpassung an den Klimawandel in Österreich – Themenfeld Wasser, Auftraggeber: BMLFUW, BMWFW, ÖBF, Land Oberösterreich.

KLEINE LINKSAMMLUNG

http://startclim.met.boku.ac.at
https://effis.jrc.ec.europa.eu
https://www.ecdc.europa.eu/
www.unsere-almen.at
www.schutzwald.at
www.raumberg-gumpenstein.at/klimawandel
www.fli.de
www.klimafitterwald.at

Aus unserem Programm

ISBN 978-3-7020-1593-0

ISBN 978-3-7020-1216-8

ISBN 978-3-7020-1944-0

ISBN 978-3-7020-1083-6

Leopold Stocker Verlag
Graz – Stuttgart
www.stocker-verlag.com